GANAR

Dirección editorial: Marcela Aguilar
Edición: Thania Aguilar y Ketzalzin Almanza
Coordinación de diseño: Leticia Lepera y Valeria Brudny
Diseño: Cristina Carmona y Jorge Ángeles
Traducción: Mara Magaña Jaimes
Foto del autor: Russ Campbell

© 2020 Max Bazerman. Todos los derechos reservados.
© 2021 VR Editoras, S. A. de C. V.
www.vreditoras.com

México: Dakota 274, colonia Nápoles
C. P. 03810, alcaldía Benito Juárez, Ciudad de México
Tel.: 5220-6620 • 800-543-4995
e-mail: editoras@vreditoras.com.mx

Argentina: Florida 833, piso 2, oficina 203,
(C1005AAQ), Buenos Aires
Tel.: (54-11) 5352-9444
e-mail: editorial@vreditoras.com

Primera edición: mayo de 2022

Todos los derechos reservados. Prohibidos, dentro de los límites establecidos por la ley, la reproducción total o parcial de esta obra, el almacenamiento o transmisión por medios electrónicos o mecánicos, las fotocopias o cualquier otra forma de cesión de la misma, sin previa autorización escrita de las editoras.

ISBN: 978-607-8828-16-6

Impreso en México en Litográfica Ingramex, S. A. de C. V.
Centeno No. 195, Col. Valle del Sur, C. P. 09819
Alcaldía Iztapalapa, Ciudad de México.

MAX H. BAZERMAN

GANAR

GRANDES DECISIONES,
EXCELENTES NEGOCIACIONES Y
MAGNÍFICOS RESULTADOS

Índice

Introducción 6

Parte I. Una nueva mentalidad para mejorar nuestra toma de decisiones morales 15

    Capítulo 1. Mejor, no perfecto 16

    Capítulo 2. Cultivar la inteligencia activa 44

    Capítulo 3. Hacer acuerdos sensatos 69

    Capítulo 4. Frenar la corrupción 96

    Capítulo 5. Activar la obligación moral
                        de darte cuenta 123

Parte II. Puntos de apoyo 141

Capítulo 6. Reducir el tribalismo y aumentar la equidad 142

Capítulo 7. Identificar y eliminar el desperdicio 166

Capítulo 8. Distribuir el bien más preciado: el tiempo 191

Capítulo 9. Obtener el máximo rendimiento de las donaciones filantrópicas 213

Parte III. Creando más beneficios para ti y el mundo 241

Capítulo 10. Multiplicar la creación de beneficio a través de otros 242

Capítulo 11. El máximo bien sustentable 269

Agradecimientos 286

Introducción

En 1993, cuando estaba en la facultad de la Universidad de Northwestern, di una conferencia sobre ciencias del comportamiento y el entorno en el Allen Center, un edificio poco memorable en Evanston, Illinois, que solo destaca por su increíble vista del lago Michigan.

Durante la charla, mencioné de paso que me había vuelto vegetariano y alguien en la audiencia dijo que también lo era, mas especificó ser de aquellos que comen pescado. "Eso te convierte en un pescadívoro", contesté, en un mal intento por hacerme el gracioso, pues conocía bien el término "pescetariano". Tras finalizar la charla, el psicólogo cognitivo Doug Mean se me acercó, pero antes de contarte cuáles fueron sus palabras es importante que sepas que Doug es un muy agradable amigo mío, brillante y educado.

—Max —dijo—, tu comentario agresivo hacia el sujeto que comía pescado fue muy tonto.

La palabra *tonto*, aunque acertada, resonó en mi cabeza viniendo de él. Posteriormente continuó argumentando de forma convincente que permitir a aquel sujeto autodenominarse vegetariano lo habría convertido en alguien más propenso a dejar las carnes rojas e incluso, con el tiempo, quizá también el pescado. Su punto era que se deben alentar todos los pasos positivos que da una persona en la vida y no resaltar las carencias.

Sabía que Doug tenía razón. Con mi comentario burlón había intentado que mi interlocutor tomara una postura más ética, estrategia que resulta mediocre desde muchos puntos de vista. En primer lugar, porque intentaba que alguien más asumiera mis objetivos al sugerir que su comportamiento ético requería una mejoría. Impuse mi propio sistema de valores, en particular, la noción de que comer pescado es algo moralmente incorrecto, con la intención de cuestionar su consumo. Además, fracasé como científico social al no detenerme a pensar qué llevó a esta otra persona, a quien yo no conocía bien, a transformar su comportamiento. Estoy convencido de que mi esfuerzo fue fallido y de que Doug entendió mejor la psicología de cambiar la conducta ética de mi interlocutor.

Durante las últimas décadas, no he dejado de intentar ser más ético y perspicaz, ni de alentar a otros a comportarse de la misma forma. Sin embargo, considero que ahora soy más competente al abordar el asunto. Escribir este libro me ha ayudado a pensar en las mejores maneras de lograrlo.

Si tengo éxito, este libro te hará una mejor persona: más exitosa, más ética y eficaz al momento de ayudar y beneficiar a otros. Exploraremos las teorías y descubrimientos más recientes sobre lo que ahora sabemos que funciona cuando se trata de ayudar a otros y a nosotros mismos a alcanzar lo que llamo "máximo nivel sustentable de bondad".

· INTRODUCCIÓN ·

Por supuesto que, para lograrlo, debemos establecer una definición compartida de lo que entendemos por ética. Partiré desde el punto de vista de la filosofía utilitarista (y del de la mayoría de las filosofías), pero no juzgaré el carácter ético de tu comportamiento actual. En vez de ello, asumiré que a todos nos gustaría generar un beneficio mayor tanto para nosotros como para los demás. Y que tenemos más capacidad de la que nos damos cuenta para ser mejores.

No espero que compartas mis valores ni prioridades en temas éticos como el vegetarianismo. No intento definir un conjunto limitado de reglas sociales que dicten el buen comportamiento. Definitivamente, no pretendo que te adhieras a ninguna religión en específico. No te pediré que siempre digas la verdad ni que reveles todo a tus oponentes en medio de una negociación.

En lugar de ello, utilizaremos la palabra *ética* de forma similar a como emplean el término los filósofos utilitaristas. La entenderemos como el hecho de lograr un bien mayor al crear tantos beneficios como sea posible para todos los seres sintientes del mundo. Generar beneficio te hará ser y actuar mejor. Nuestra meta será identificar pasos concretos que nos permitan acceder al máximo nivel sustentable de bondad. Eso quiere decir que la meta no es alentarte a que alcances la perfección, sino a que logres un nivel de bondad que puedas mantener y disfrutar el resto de tu vida.

Lo que nos aguarda

En los primeros cinco capítulos, exploraremos una mentalidad nueva sobre la que se erige mi enfoque prescriptivo para desarrollar nuestro comportamiento ético (hablaremos de esto más adelante) con el fin de mejorar nuestra toma de decisiones morales.

El capítulo 1 expondrá a detalle mi perspectiva general. Te darás cuenta de que todos podemos crear beneficios para nosotros y la sociedad, que no necesitamos intentar ser perfectos (no podemos de cualquier forma) y que las barreras sistemáticas obstaculizan un comportamiento más ético.

Indagaremos más sobre esto en el capítulo 2 y descubriremos que es fundamental activar todo el potencial de nuestra inteligencia para tomar decisiones más valiosas, aunque a veces haya obstáculos cognitivos y morales que nos impidan avanzar. Aprender cómo evitar de forma efectiva estos obstáculos nos dotará con una mentalidad que nos permitirá ser mejores.

El capítulo 3 introduce el concepto de compensación, un tema muy conocido en el mundo de los negocios, que se relaciona con generar más valor no solo para las partes involucradas, sino para todos.

El capítulo 4 presenta un planteamiento en contra de la corrupción, que, si bien suena obvio, ofrece distintas opciones de las que no somos conscientes y que sirven como motores para el cambio. El capítulo 5 te dará las pautas para poder percibir oportunidades con las cuales beneficiarte, que con frecuencia pasamos por alto.

Los siguientes cuatro capítulos nos enfocaremos en aplicar estas ideas a aspectos que la mayoría de nosotros podemos mejorar: equidad/tribalismo, reducción de deshechos, mejor aprovechamiento del tiempo y una mayor efectividad de nuestras acciones caritativas. La última sección incluirá una guía para que desarrolles tu potencial e influyas sobre otros para que actúen en favor del bien común. Finalmente, concluiremos con algunos pensamientos sobre cómo alcanzar nuestro máximo nivel de bondad.

Los problemas éticos no son algo reciente, sin embargo, todos los días surgen nuevos y distintos retos. El robo de miles de millones de dólares perpetrado por Bernard Madoff nos recuerda que somos más vulnerables ante los delincuentes que antes e, incluso, quizá, ahora ignoramos de manera más deliberada sus crímenes. El terrorismo nos obliga a pensar cuáles son los procesos apropiados para obtener la información que necesitamos sin poner en riesgo a las personas.

Mientras las empresas persiguen sin parar el sueño de hacernos la vida cada vez más sencilla, nuestra huella ecológica continúa creciendo y causando más daño día con día. En Estados Unidos, y en muchos otros lugares del mundo, los ciudadanos se enfrentan con la pregunta de cómo actuar cuando sus líderes nacionales ya no muestran ninguna inclinación por la verdad. Para muchos países, el beneficio colectivo ya no es una preocupación nacional. Necesitamos con urgencia volver encontrar nuestro norte y seguir una dirección que nos permita crear un beneficio mayor y más valor ético, que nos ayude a simplemente ser mejores.

**PARTE
I**

Una nueva mentalidad para mejorar nuestra toma de **decisiones** morales

CAPÍTULO 1

Mejor, no perfecto

En abril de 2018 tenía agendada una entrevista en un seminario sobre altruismo efectivo en el Instituto Tecnológico de Massachusetts, ubicado a cinco kilómetros de mi casa de Cambridge, Massachusetts, en Estados Unidos. No pude asistir a todo el evento. Llegué aproximadamente una hora antes de mi entrevista. Entré en una gran sala con algunos cientos de asistentes, la mayoría menores de 30 años, y tuve la azarosa y sin duda afortunada oportunidad de escuchar al conferencista que se encontraba frente a mí, Bruce Friedrich. Nunca lo había visto, pero su charla trastocó mi mundo personal y académico.

Bruce, abogado y CEO del Instituto Good Food me mostró una nueva forma de pensar la reducción del sufrimiento animal. Señaló que el vegetarianismo, el compromiso por no comer carne ni pescado, ha tenido un crecimiento muy limitado. Una clara causa de esto es que sermonear a tus amigos sobre las virtudes de dicho tipo de dieta no es una buena forma de cambiar su comportamiento ni tampoco de conservar su amistad.

Entonces, ¿qué puede hacer un vegetariano para ayudar a otros a formar parte de los beneficios que trae consigo un menor consumo de animales y a contribuir a mejorar nuestra sociedad?

Para responder esta pregunta, Bruce nos presentó todo un mundo de emprendedores, científicos e inversionistas (algunos sorprendentemente millonarios), que trabajaban en el Instituto Good Food en la creación y el desarrollo del consumo de "nuevas carnes", cuyo sabor es muy similar al de la carne real pero sin la necesidad del dolor, sufrimiento o muerte de ningún animal.

Estas carnes alternativas incluyen los nuevos productos a base de plantas que se encuentran ya en el mercado (como BeyondMeat o The Impossible Burger) y la opción de "carne cultivada" (también conocida como carne de laboratorio o carne *in vitro*), que se obtiene en un laboratorio a partir de células de animales reales y se produce sin la necesidad de más muertes.

A partir de esto, argumentó que producir alternativas con buen sabor, a un precio justo y disponibles en los supermercados es una forma mucho más fructífera de reducir el sufrimiento animal que andar pregonando los efectos negativos del consumo de carne.

Muchos estudiosos de la administración definen liderazgo como la capacidad que tienen las personas de cambiar el corazón y la mente de sus seguidores. Pese a ello, notemos que la estrategia de Bruce no tiene mucho que ver con cambiar los valores de las personas, sino con transformar su comportamiento sin requerir grandes sacrificios de su parte.

Esto solo es un ejemplo de cómo **podemos ajustar nuestra propia conducta y motivar a otros a hacer lo mismo, de forma tal que podamos crear un mayor beneficio total.** Exploraremos muchas más vías para hacer esto en este libro.

Lo que hay en medio

He pasado toda mi carrera como profesor de escuela de negocios. Estos centros educativos buscan ofrecer líneas de investigación y formación prácticas sobre cómo hacer mejor las cosas. Con frecuencia, les ofrezco a mis alumnos fórmulas para actuar mejor, que van desde decidir de la manera más adecuada y obtener los resultados esperados durante una negociación hasta ser mejores, en un sentido más amplio. Es decir, ganar-ganar en todos los sentidos. Los expertos en ética suelen ser, en contraste, filósofos que enfatizan cómo es que consideran que la gente debería comportarse, o bien científicos conductuales que describen cómo se comportan realmente las personas. Nosotros buscamos forjar un espacio entre las aproximaciones conductistas y filosóficas donde podamos establecer ciertas acciones para ser mejores. Pero, primero, necesitamos entender claramente las bases de las que partiremos.

El enfoque normativo de la filosofía

Académicos de varias disciplinas han escrito sobre la toma de decisiones éticas, pero sin duda, la influencia de la filosofía ha dominado. Por muchos siglos, los filósofos han debatido en qué consisten los actos morales y han ofrecido distintas teorías normativas de lo que la gente debería hacer.

Ahora bien, todos se orientan a la recomendación de normas de comportamiento y comparten el enfoque del "debería". Esto quiere decir que las teorías filosóficas tienen criterios muy claros de lo que significa un comportamiento moral. Estoy seguro de mi fracaso constante al intentar alcanzar los criterios del comportamiento ético de la mayoría de las corrientes filosóficas (en particular los del utilitarismo). Y cualquiera de mis tentativas de ser puramente ético desde una perspectiva filosófica también fallará.

El enfoque descriptivo de la psicología

En las últimas décadas, en particular después del gran colapso del corporativo Enron a inicios del milenio, los científicos conductuales entraron en el terreno de la ética con la intención de crear el campo de la ética conductual, que se encarga de documentar cómo se comportan las personas. Es decir, ofrece recuentos descriptivos de lo que efectivamente hacemos.

Por ejemplo, estos psicólogos han documentado cómo nos involucramos en prácticas no éticas a partir de nuestros intereses particulares sin ser conscientes de que lo estamos haciendo. Las personas piensan que contribuyen más de lo que realmente lo hacen y tienden a percibir sus organizaciones y a aquellos que los rodean como más dignos y merecedores de lo que en verdad son. De forma general, la ética conductual identifica cómo es que nuestro entorno y nuestros procesos psicológicos nos hacen involucrarnos en comportamientos éticamente cuestionables, que resultan inconsistentes con nuestros propios valores y preferencias. La investigación descriptiva **se enfoca en la evidencia que demuestra que la mayoría de las personas buenas realizan algunas malas acciones de forma regular.**

Mejor: hacia un enfoque prescriptivo

Nosotros partiremos tanto de la filosofía como de la psicología para esbozar un rumbo prescriptivo (cómo deberían de ser las cosas). Podemos hacerlo mejor que los científicos conductuales con su descripción y observación de conductas del mundo real basadas en la intuición, pero sin exigirnos alcanzar los altos criterios que demandan los filósofos utilitaristas.

Iremos más allá de determinar qué es ético desde una perspectiva filosófica, así como de qué es lo que hicimos mal desde una perspectiva psicológica. Todo con el objetivo de **encontrar maneras de actuar de forma más ética y de crear un beneficio mayor desde nuestras propias preferencias**. Más que enfocarnos en lo que sería una decisión puramente ética, podemos cambiar nuestras elecciones y comportamientos en el día a día y garantizar que contribuyan más a una vida satisfactoria.

Conforme avancemos hacia ser mejores, nos apoyaremos en la psicología y la filosofía para reflexionar y hacer observaciones. La combinación cuidadosamente orquestada de ambas produce un enfoque centrado y práctico que nos ayudará a generar un bien mayor durante nuestro tiempo limitado en este planeta.

De igual forma, ofrece perspectivas de cómo podemos estar más satisfechos con nuestros logros. La filosofía nos dará meta final y la psicología nos ayudará a entender por qué permanecemos tan lejos de alcanzarla. Al navegar entre ambas, podemos ser mejores en el mundo.

Planes de acción desde otros campos

El uso de explicaciones normativas y descriptivas para crear un nuevo enfoque prescriptivo dirigido a mejorar las decisiones y conductas es algo nuevo en el ámbito de la ética, pero hemos visto esta evolución desarrollarse también en otras áreas, en la negociación y toma de decisiones específicamente.

Mejores negociaciones

Por décadas, la investigación y la teoría en el ámbito de la negociación se encontraron divididas en dos partes: normativa (cómo debería comportarse la gente) y descriptiva (como realmente se comporta). Los teóricos del juego ofrecen desde la economía una explicación normativa de cómo deberían de comportarse los seres humanos en un mundo donde todas las partes fueran enteramente racionales y tuviesen la capacidad de esperar una completa racionalidad de los otros.

A diferencia de esto, los científicos conductuales ofrecieron explicaciones descriptivas de cómo se comporta la gente en la vida real. Estos dos mundos tuvieron poca interacción hasta que el profesor de Harvard, Howard Raiffa, presentó un concepto brillante (con un nombre terrible) que los unificó: el enfoque asimétricamente prescriptivo/descriptivo para la negociación.

El núcleo de la percepción de Raiffa consiste en ofrecer el mejor consejo posible a los negociadores, sin asumir que sus contrapartes actuarán de forma enteramente racional. La profesora de Standford Margaret Nale y yo, junto a un grupo de notables colegas, desarrollamos este argumento al describir **cómo los negociadores que intentan comportarse de una manera más racional pueden anticipar mejor el comportamiento de las otras partes que no se muestran tan racionales.** Al adoptar el objetivo de ayudar a los negociadores a tomar la mejor decisión posible, pero aceptando descripciones más acertadas de cómo se comporta la gente, Raiffa Neale, un servidor y otros académicos logramos trazar un camino muy útil que cambió la forma en que se piensan las negociaciones.

Mejores decisiones

Un descubrimiento similar tuvo lugar en el campo de la toma de decisiones. Hasta inicios del nuevo milenio, los economistas que estudiaban este ámbito ofrecían una explicación normativa de cómo los actores racionales deberían comportarse, mientras que el área emergente de la investigación de decisiones conductuales describía el comportamiento real de las personas.

El trabajo de estos últimos investigadores asumía de forma implícita que si somos capaces de descubrir lo que las personas hacen mal y se los comunicamos, podemos "remover los sesgos cognitivos" de su opinión e inducir a estos sujetos a tomar mejores decisiones. Desafortunadamente, esta suposición resultó ser errónea.

Las investigaciones han demostrado una y otra vez que no sabemos "remover los sesgos cognitivos" de la intuición humana. Por ejemplo, no importa cuántas veces las personas manifiesten una tendencia a actuar con exceso de confianza, continuarán tomando decisiones demasiado confiadas.

Afortunadamente, hemos logrado desarrollar enfoques que ayudan a la gente a tomar mejores decisiones. Tomemos como ejemplo la distinción entre el funcionamiento cognitivo del sistema 1 y del sistema 2, explicado de forma maravillosa en el libro de Daniel Kahneman *Pensar rápido, pensar despacio*. Este libro presenta una distinción útil entre los dos modelos principales de toma de decisiones humanas.

El sistema 1 se refiere a nuestro sistema intuitivo que, por lo general, es rápido, automático, implícito, emocional y no requiere esfuerzo. En la vida seguimos el pensamiento del sistema 1 la mayoría de las veces cuando tomamos una decisión (qué marca de pan elegir en el supermercado, cuándo pisar el freno al conducir, qué decirle a alguien que acabas de conocer).

En cambio, el sistema 2 está relacionado con el razonamiento, que es más lento, consciente, explícito, lógico y demanda un esfuerzo. Tal es el caso de cuando pensamos en los costos y beneficios, utilizamos una fórmula o platicamos con amigos inteligentes. Existe mucha evidencia que respalda la conclusión de que el sistema 2, en promedio, conlleva a tomar decisiones más sabias, éticas y morales que el sistema 1. Aunque el sistema 2 no garantiza decisiones inteligentes, **mostrar a las personas la importancia de moverse del sistema 1 al sistema 2 al momento de tomar decisiones importantes, y motivarlos a hacerlo, nos impulsa a elegir mejor y de forma más ética.**

Otro enfoque prescriptivo para la toma de decisiones proviene del influyente libro de Richard Thaler y Cass Sunstein publicado en 2018, *Un pequeño empujón*. Si bien no sabemos "corregir" la intuición humana, los autores argumentan que podemos rediseñar el entorno en el que tomamos decisiones, de tal forma que seamos capaces de decidir con más sabiduría y prever los escenarios en que los instintos viscerales puedan causar problemas. Esta estrategia de intervención se conoce como arquitectura de elecciones.

Por ejemplo, para abordar el problema de que las personas no ahorran suficiente para su retiro, muchos patrones inscriben automáticamente a sus empleados en programas de ahorro y les ofrecen la oportunidad de abandonarlo si así lo desean. Cambiar al registro automático para que la gente no tenga que hacerlo ha demostrado una mejoría radical en los índices de ahorro.

Este productivo desarrollo en el campo de la negociación y la toma de decisiones ofrece un plan de acción, el cual toma prestado la idea de identificar un objetivo útil de la caja de herramientas normativa (como tomar decisiones más racionales) y la combina con la investigación descriptiva que esclarece los límites de una conducta óptima. Esta visión prescriptiva tiene el potencial de transformar la forma en que pensamos lo correcto, la justicia y la moral. Lo que, a su vez, nos conducirá a ser mejores.

Nuestro recorrido busca identificar qué elecciones serían óptimas y trazar un camino que nos conduzca en esa dirección. Gran parte de la filosofía moral se constituye sobre argumentos que estipulan cuál sería la conducta moral por excelencia frente a distintos dilemas. A partir de estas hipótesis, los filósofos establecen reglas generales que deben seguir las personas al tomar decisiones que involucran aspectos éticos.

El ejemplo más usado para resaltar los diferentes puntos de vista del comportamiento moral se conoce como "El dilema del tranvía". La forma clásica del problema plantea que debes imaginarte mirando un tren desbocado que va por las vías colina abajo. Si no intervienes, matará a cinco personas. Tienes la posibilidad de salvar a estas personas al girar una palanca que hará que el tren tome un riel lateral donde atropellará y matara a un trabajador. Dejando de lado cualquier consecuencia legal, ¿sería para ti un acto moral tirar la palanca?

La mayoría de las personas dicen que sí, puesto que la muerte de cinco es obviamente peor que la muerte de una persona. En este problema, la elección más popular corresponde con la lógica utilitarista.

El utilitarismo tiene sus raíces en el trabajo de filósofos como Jeremy Bentham, John Stuart Mill, Henry Sidgwick, Peter Singer y Joshua Greene, quienes sostienen que las acciones morales deben sustentarse sobre aquello que resulte más útil para el mundo. Es decir, lo que genere el mayor beneficio para todos los seres sintientes. Sin duda, es muy difícil valorar qué acción maximizaría la utilidad para todas las personas, pero, para los utilitaristas, tener este objetivo en mente ofrece claridad al momento de tomar decisiones, incluido el dilema del tranvía.

Por ahora, nos valdremos del utilitarismo como referente para andar por terrenos inexplorados. Muchos ya han apoyado varias de estas construcciones morales:

- Crear el mayor valor posible para todos los seres sintientes.
- Actuar de forma competente al perseguir el bienestar que podemos crear.

- Tomar decisiones morales independientemente de nuestro bienestar o estatus social.
- Valorar el interés de todos de forma equitativa.

La mayor parte de mis consejos puede enfrentar la crítica al utilitarismo y seguir siendo relevantes para aquellos lectores que rechacen algunos aspectos de esta corriente.

Para efectos prácticos, **maximizar la creación de beneficios para todos los seres vivos será el rumbo que marcará el norte del comportamiento ético** que perseguiremos en este libro. Sin embargo, nuestra conducta aún dista mucho de esta meta. Retomando un poco la psicología, Herbert Simon, un economista estadounidense, señaló que poseemos "racionalidad limitada", por ello nuestra habilidad de maximizar la utilidad en el mundo se ve mermada por barreras cognitivas sistemáticas que nos impiden actuar de un modo más utilitarista.

En los próximos capítulos, exploraremos estos obstáculos junto con formas de sortearlos. Algunos de ellos son los mismos que los que nos estorban para ser más racionales, por lo que tener mayor autoconciencia será la semilla del cambio. Además, otros requieren de intervenciones para protegernos de nuestros puntos éticos ciegos. De cualquier forma, si puedes generar un bien mayor sin ningún costo para ti, debería ser más sencillo que lo hagas.

RECUERDA:

El sistema 1 se refiere a nuestro sistema intuitivo. Por lo general, es rápido, automático, implícito, emocional y no requiere de esfuerzo. Lo usamos para saber qué marca de pan elegir en el supermercado, cuándo pisar el freno al conducir, qué decirle a alguien que acabas de conocer.

Superando algunos obstáculos

Antes de continuar con el utilitarismo como nuestra estrella guía, es conveniente considerar un poco el bagaje que acompaña esta perspectiva. En primer lugar, aunque muchas personas están de acuerdo con todos o la mayor parte de los componentes centrales de esta perspectiva, el término *utilitarismo* con frecuencia se ve perjudicado por su terrible nombre y provoca molestia entre las personas.

Esto pues, a diferencia de las intenciones que tenían los padres de esta corriente, la palabra que la designa sugiere tener como único enfoque la eficiencia, el egoísmo o, incluso, el desdén por el humanismo. Es claro que Bentham y Mill no contaban con un buen departamento de marketing. Recientemente, Joshua Greene ha defendido la idea de remplazar el término *utilitarismo* por pragmatismo profundo y plantea en su libro *Tribus morales* lo siguiente: "Si en una cita te dicen 'Soy utilitarista', es momento de pedir la cuenta, pero si dicen soy un 'pragmático profundo', puedes invitar a esta persona a tu casa a pasar la noche y después conocer a sus padres".

En segundo lugar, muchas personas se preguntan si generar el mayor bien equivale al objetivo más correcto. Bajo circunstancias idénticas, prácticamente todos queremos crear más bienestar para el mundo. Sin embargo, no todas las circunstancias son iguales y para muchas personas, los derechos, la libertad y la autonomía de los otros implican un problema similar al que ilustra el dilema del tranvía.

En el dilema del puente peatonal, el tranvía desbocado una vez más se dirige cuesta abajo y si no se hace nada al respecto, matará a cinco personas. Sin embargo, esta vez te encuentras parado en un puente sobre las vías junto a un trabajador con una mochila muy grande. Si lo empujas desde arriba junto con su pesada mochila puedes salvar a los cinco que están abajo en las vías. Él morirá, pero su cuerpo servirá para frenar el tren y salvar a los otros. Tú no puedes salvarlos porque no tienes esa gran y pesada mochila necesaria para detener el tranvía. ¿Sería para ti un acto moral salvar a las cinco personas arrojando a un extraño a la muerte?

La mayoría de la gente argumenta en contra de empujar al hombre, pese a que se plantea la misma relación de cinco vidas que en el problema del tranvía, pero, a diferencia de este, el dilema del puente aborda una forma de moralidad muy distinta. Al preguntarle a las personas por qué no empujarían al hombre, tienden a contestar cosas como "¡Sería un asesinato!", "El fin no justifica los medios" o "¡La gente tiene derechos!". Estos son los argumentos comunes y variables de la ética.

Gracias al increíble trabajo de Joshua Greene y sus colegas, sabemos que nuestras discrepantes respuestas ante estos dos problemas reflejan impulsos que se contraponen en partes distintas de nuestro cerebro. En el dilema del puente, cuando pensamos en los derechos de la posible "víctima" empujada para salvar a otros cinco individuos, nuestra respuesta emocional activa la corteza prefrontal ventromedial, una parte del cerebro.

En cambio, cuando alguien suprime su impulso emocional y piensa en crear beneficio al salvar la mayor cantidad posible de vidas, la decisión es dirigida por un proceso cognitivo controlado en la corteza prefrontal dorsolateral, ubicado en otro lado del cerebro. **La evidencia sugiere con fuerza que el acto de tirar a la persona del puente involucra procesos emocionales que en la mayoría de nosotros están ausentes al confrontar la disyuntiva del tranvía.** Aun así, algunas personas toman decisiones consistentes ante ambos dilemas al sostener que jalarían la palanca y arrojarían al hombre.

No obstante, existe un problema más dentro de esta serie que podríamos decir lleva aún más al límite el utilitarismo. Se trata del problema del cirujano, adaptado posteriormente por el filósofo británico Philippa Foot.

> En un hospital, se espera que mueran pronto cinco pacientes. Un sexto paciente llega para una revisión de rutina al mismo hospital. Un cirujano

especialista en trasplantes se da cuenta de que la única forma de salvar a los otros cinco pacientes es abrir al paciente sano y repartir sus cinco órganos saludables entre los enfermos. ¿Sería moralmente correcto hacer esto?

No es de sorprender que la mayoría de las personas se sienta horrorizada con esta pregunta y rechacen con rapidez la idea de intercambiar cinco vidas por una. Solo por aclarar, yo también me opongo rotundamente, pero ¿por qué tantos de nosotros estaríamos dispuestos a tirar la palanca en el problema original y casi nadie estaría a favor de utilizar los órganos de una persona saludable en el dilema del cirujano? Porque incluso aquellos fervientes defensores del utilitarismo llevan consigo el bagaje del mundo real al momento de tomar decisiones. Es decir, nos damos cuenta de que muchas leyes y derechos tienen un valor de segundo orden.

Si una persona inocente puede ser arrancada de la calle para salvar a cinco personas que están muriendo en un hospital, la sociedad se vendría abajo y tendríamos menos oportunidades de crear placer y minimizar el dolor.

Por lo tanto, los utilitaristas también valoran los derechos, las libertades y la autonomía, pero lo hacemos porque creemos que producen un beneficio a largo plazo. Otros filósofos rechazan esta vía indirecta y sostienen que los derechos, la libertad y la autonomía tienen un valor intrínseco.

En la deontología, una rama de la ética que estudia los principios a seguir dentro de una profesión en particular, se sostiene que, para actuar de forma ética, debemos valorar la justicia como un fin en sí mismo. Esto significa que la moralidad de una acción debería determinarse en función de si la acción es correcta o incorrecta por sí sola y no por sus consecuencias dadas.

De tal forma, que la deontología cree que nadie tiene derecho a empujar al sujeto en el dilema del puente. Mientras que los liberales creen que los individuos son acreedores de autonomía y libertades personales que tienen más peso que la meta de crear el mayor bien posible en el mundo.

El utilitarismo ha estado en conflicto con la deontología, el liberalismo y otras perspectivas éticas por mucho tiempo. Si bien, estos debates dentro de la filosofía moral me parecen fascinantes, pienso que sostener una visión que busque crear el mayor bien posible es una buena vía que se puede ajustar a las preocupaciones por la justicia, los derechos, la libertad y la autonomía en situaciones específicas.

Para nuestros fines, es importante esclarecer que puedes mantener tu propia apreciación de la justicia, los derechos, la autonomía y la libertad, y aun así encontrar estrategias útiles en este libro. Las decisiones que recomiendan los utilitaristas generalmente están alineadas a las de la mayoría de las demás filosofías porque comparten el objetivo de hacer el mayor bien y causar el menor daño.

Cuando las teorías entran en conflicto es por sus puntos contrastivos en torno a la moral, los cuales no me interesa tratar de resolver. Para nuestro propósito de esforzarnos por ser mejores seres humanos, basta con argumentar que muchos valores morales poseen tanto un valor intrínseco (un valor por sí mismos) como beneficios a largo plazo. Y, si aún te sientes escéptico respecto al utilitarismo, es adecuado simplificar la perspectiva de este libro y solo decir que cuando todos los aspectos son equitativos, debemos esforzarnos por crear el mayor beneficio posible.

Una tercera crítica del utilitarismo es que maximizar la utilidad en el mundo es un criterio muy estricto para medir nuestras decisiones morales. El utilitarismo puro implicaría valorar tu placer y tu dolor igual que el placer y dolor de cualquier otro ser sintiente, así como valorar el placer y el dolor de tus seres cercanos tanto como el de los desconocidos, incluidos aquellos que viven en tierras lejanas. Para casi todos nosotros, esto es imposible y como resultado, muchos rechazan la filosofía y descartan el objetivo de seguir avanzando en esta vía tomando lo bueno y desechando lo malo.

Como discutimos anteriormente, aunque los investigadores no esperan que la gente sea enteramente racional, utilizan el concepto de racionalidad como meta final para poder identificar los cambios que nos llevarán a tomar decisiones más racionales (no perfectamente racionales). De igual forma, el utilitarismo puede representar la estrella guía que nos conduzca a tomar decisiones éticas. El utilitarismo nos sirve como una buena brújula para **ser mejores, no perfectos. Para ganar-ganar.**

Por último, otra crítica al utilitarismo y a gran parte de la filosofía moral es que las reflexiones se basan en problemas extraordinarios con los que nunca nos enfrentaremos en la vida real. Sin embargo "la tierra de los tranvías" sí tiene paralelos en nuestra cotidianidad actual. Por ejemplo, cuando en un futuro no muy lejano los vehículos dirijan el volante de forma autónoma, se espera que se eliminen todos los accidentes ocasionados por errores humanos, con lo que se salvarán millones de vidas. El aprendizaje automático nos ayudará a tener caminos más seguros.

No obstante, seguirán existiendo accidentes y daños inevitables. Nuestros carros enfrentarán dilemas como si debiesen salvar a cinco peatones o a su pasajero. Y las compañías de autos tendrán que utilizar algoritmos para programar los vehículos con el fin de que estos le den prioridad a algún daño. ¿Los vehículos deberían proteger a sus pasajeros, a los peatones, a la gente joven o mayor (nadie pierde más años de vida que los adultos mayores), a una mujer embarazada (¿cuenta como dos personas?)? Y situaciones parecidas.

Estas son decisiones reales que se debaten en la actualidad. Los fabricantes de autos reconocen que los dueños del coche probablemente prefieran un programa que le dé prioridad a la protección de su vida y a la de su familia por encima de la de los peatones que no conocen. Por el contrario, los organismos regulatorios seguramente demandarán que las decisiones se rijan en función de proteger a tantos como sea posible.

RECUERDA:

El sistema 2 se refiere al razonamiento. Es más lento, consciente, explícito, lógico y demanda esfuerzo. Tal es el caso de cuando pensamos en los costos y beneficios, utilizamos una fórmula o platicamos con amigos inteligentes.

La ética en todos los ámbitos

No te conozco, pero una rápida valoración me dice que eres una persona muy buena en algunas esferas, bastante buena en otras y no tan buena en algunas más. Puedo predecir esto sin conocerte porque eres un ser humano y nuestro comportamiento es inconsistente.

Las personas que son maravillosas con su pareja pueden quizá valerse del engaño en sus negociaciones con algún cliente o colega para lograr la aceptación total.

Dado que es más fácil valorar el nivel ético de las personas famosas que mirarnos al espejo, consideremos esta dicotomía en la familia Sackler. Gracias a su filantropía, el nombre de esta familia puede encontrarse en las instituciones más importantes, incluidas la galería Sackler en Washington, el Museo Sackler en Harvard, el centro Sackler para la Educación Artística en el Museo Guggenheim en Nueva York, la sala Sackler en el Louvre y el ala norte del Museo Metropolitano de Arte también en Nueva York, además de los institutos de investigación Sackler en Oxford, Columbia y muchas otras universidades.

Sin embargo, muchos perciben a los miembros de la misma familia como los principales culpables detrás de la epidemia de opiáceos que ha devastado a las comunidades estadounidenses en años recientes.

La industria de la familia Sackler, Purdue Pharma, lanzó la prescripción de la oxicodona como analgésico en 1996. La familia ha ganado muchos miles de millones, presumiblemente más de lo debido, al comercializar esta droga. En 2018, los opiáceos mataban a cien estadounidenses todos los días, de acuerdo con la mayoría de estimados.

John Purdue es frecuentemente acusado de fomentar intencionalmente la adicción a los opiáceos para maximizar las ventas y participar en una amplia variedad de prácticas publicitarias carentes de ética. Aunque es difícil calcularlo, parece ser que los Sacklers han generado mucho más daño al vender opioides que beneficios a través de sus obras de caridad.

Anand Giridharadas argumenta en su libro *Winners Take All* que la sociedad exime de culpas a los filántropos sin importar la cantidad de destrucción que hayan causado. De hecho, argumenta que muchos de los grandes filántropos del mundo donan su dinero precisamente para distraer a la ciudadanía y evitar que noten el daño que infligen.

Pienso que este argumento puede ser un poco cínico, sin embargo, la autora remarca de forma muy educada que deberíamos juzgar a las personas por el beneficio total que generan o destruyen de manera acumulativa en lugar de otorgarles crédito por un aspecto aislado en su comportamiento.

Además, también hace la importante observación de que muchos de nosotros formamos parte de algunas actividades que crean beneficio y otras que lo destruyen.

Reconocer las múltiples dimensiones que implica nuestra conducta y preocuparnos por el beneficio y el daño que causamos nos puede ayudar a identificar cuándo es más útil optar por el cambio.

Por lo tanto, debemos pensar en nuestras decisiones en conjunto y asumir el crédito de lo que hacemos bien, pero sin dejar de reconocer que podemos realizar ajustes valiosos. Desafortunadamente, pasamos muy poco tiempo haciendo esto último. Quizá necesitemos aceptar algunos cambios en nuestro actuar para ser más generosos y hacer sacrificios personales por el bien de otros, ya que además de esto, podemos también crear un beneficio mayor al tomar decisiones más sabias. También podemos crear más valor al pensar de manera más clara, al negociar y producir mejores resultados, al percibir y actuar contra la corrupción y al ser más conscientes de las oportunidades que tenemos de ser mejores.

CAPÍTULO 2

Cultivar la inteligencia activa

EN 2007, LA PSICÓLOGA MAHZARIN BANAJI, COLEGA Y GRAN AMIGA MÍA EN HARVARD, ESCRIBIÓ UN FASCINANTE PRÓLOGO AL LIBRO *BEYOND COMMON SENSE* SOBRE "LA OBLIGACIÓN MORAL DE SER INTELIGENTE".

SU TRABAJO COMENZÓ COMO UNA CONFERENCIA EN YALE PARA LOS ESTUDIANTES RECIÉN LLEGADOS Y SOSTIENE QUE EL FRACASO EN EL DESARROLLO DEL POTENCIAL COGNITIVO DE CADA INDIVIDUO NO SOLO PERJUDICA A LOS ESTUDIANTES, SINO A TODA LA SOCIEDAD. SU INTENCIÓN ERA HACER QUE LA AUDIENCIA SE SINTIERA OBLIGADA A DECIDIR CON MÁS SABIDURÍA.

Cuando tomamos malas decisiones, aumentamos nuestra probabilidad de enfermarnos, de morir más jóvenes, de aceptar el trabajo equivocado, perder el trabajo o casarnos con la persona inadecuada.

A su vez, las malas decisiones también restringen los resultados esperados de nuestras acciones caritativas, dañan la Tierra, lastiman a otras personas (incluidos familiares, amigos y colegas, sin mencionar a todos los otros seres con los que compartimos el planeta) y limita la eficiencia de las organizaciones que más nos importan.

Generalmente, tendemos a pensar la palabra "inteligencia" como un atributo personal invariable. Sin embargo, aunque es verdad que las personas tienen diferentes niveles de inteligencia, **todos poseemos el poder de involucrar de forma activa nuestras mejores capacidades cognitivas con sabiduría** e incrementar la cantidad de beneficio que generamos en nuestras vidas.

Entonces, ¿qué se interpone en nuestro camino? Existen varias barreras que necesitamos identificar para acceder a nuestra inteligencia activa, es decir, al saber que empleamos al tomar una decisión. Nuestro objetivo debería ser desarrollar una mayor tendencia hacia el compromiso de emplear de forma activa nuestros procesos de pensamiento deliberado (o nuestros procesos del sistema 2) siempre que se tomen decisiones que guarden relevancia ética. Todos solemos usar atajos cognitivos (sistema 1) que nos impiden elegir mejor y de forma más ética. De igual forma, la fuerza de voluntad y el conocimiento son necesarios para acceder a los procesos que existen dentro de nosotros y que nos permitirán decidir mejor.

Venciendo las barreras de la inteligencia activa

El ramo de la psicología y de la economía conductual ofrecen una visión sobre cómo involucrar nuestra inteligencia de forma más plena y mejorar nuestro comportamiento ético. Una manera de hacerlo implica reducir nuestros sesgos. Después de que Herbert Simon ganó el premio Nobel con su trabajo sobre la racionalidad limitada, Daniel Kahneman y Amos Tversky comenzaron a trabajar el campo de la toma de decisiones conductual y definieron formas sistemáticas y predecibles en las que nos desviemos por sesgos y prejuicios de las elecciones racionales.

Los sesgos que obstaculizan que los seres humanos actúen de forma tan racional como les gustaría incluyen lo siguiente.

- **Sesgo de exceso de confianza.** Somos propensos a confiar de más en la infalibilidad de nuestros juicios cuando respondemos a la ligera a cuestiones sumamente difíciles.
- **Sesgo de encuadre.** Nuestras preferencias por el riesgo se ven influenciadas por cómo formulamos un problema o una decisión. En específico, somos más adversos a correr un riesgo cuando resalta más nuestra posibilidad de ganar que de perder.
- **Sesgo de anclaje.** Al hacer cálculos, nos basamos en cualquier valor o número disponible y hacemos ajustes insuficientes desde ahí y no lo soltamos.
- **Sesgo confirmatorio.** Tendemos a buscar información que apoye aquello en lo que creemos que es verdad y fracasamos al buscar evidencia que podría refutar nuestras creencias.
- **Sesgo retrospectivo.** Tras descubrir si ocurrió o no un evento, tendemos a darle demasiado valor a la opción

con la que predijimos los resultados (como en el caso de la probabilidad que tiene un candidato presidencial particular de ganar las elecciones).

- **Maldición del conocimiento.** Cuando somos especialistas o tenemos mucho conocimiento en un área, se nos dificulta entender cómo luce el problema para aquellos que carecen de esta especialización o no comprenden el tema. Por lo tanto, los maestros con frecuencia no son empáticos hacia los estudiantes que no saben lo mismo que ellos.

Sesgos éticos

Entre las docenas de sesgos cognitivos que los investigadores han identificado existen algunos relevantes para la toma de decisiones éticas. Estos nos impiden apegarnos a nuestros criterios morales internos, que son más reflexivos.

No obstante, **la mayoría de nosotros no somos conscientes del grado en el que influyen ni del daño que generan en nuestras decisiones.** Los sesgos éticos son resultado de que somos seres anuméricos, de nuestro deseo por obtener un resplandor cálido al ayudar a otros, de nuestra necesidad de generar vínculos y de enfocarnos solo en nuestra propia perspectiva.

Los sesgos sistemáticos limitan nuestra habilidad de pensar la información cuantitativa, los datos duros. En un estudio de 2007, Deborah Small, George Loewenstein y Paul Solvic, investigadores de ciencias de las decisiones, dieron a los participantes cinco dólares por completar cuestionarios. A la mitad de los participantes se les pidió que leyeran el siguiente texto:

> La escasez de comida está afectando a más de tres millones de niños. En Zambia, la falta de lluvias trajo como resultado una caída de 42% en la producción de maíz desde el año 2000. Como consecuencia, un estimado de tres millones de zambianos sufren hambre.

La otra mitad vio la fotografía de una pequeña niña junto al siguiente mensaje:

> Su vida sería mejor con tu apoyo. Con tus donaciones y las de nuestros atentos patrocinadores,

Save the Children trabajará junto con la familia de Rokia y otros miembros de la comunidad para que reciba alimento, educación, asistencia médica y capacitación sanitaria.

Se les preguntó a los dos grupos de participantes si les gustaría donar los cinco dólares o alguna parte del dinero que recibieron. En el primer grupo contribuyó el 23 %, mientras que en el segundo lo hizo el 46 %. De acuerdo con el "efecto de la víctima identificable", **tendemos a ayudar más cuando se nos presenta una víctima específica a la que podemos conferirle una identidad que cuando se nos plantea la situación desde un grupo definido de forma vaga**, sin importar que ambos sufran la misma problemática y tengan el mismo nivel de necesidad.

La negligencia de alcance y el efecto de la víctima identificable alientan nuestra intuición anumérica y conllevan a una toma de decisiones sesgada. En cambio, la mayoría de nosotros respaldaría el objetivo de elegir conductas como invertir nuestro dinero o tiempo donde podamos generar tanto bien como sea posible y no limitarnos a sentir que hicimos una diferencia.

En primer lugar, ¿por qué hacemos cosas buenas por los otros en casos similares al de la víctima identificable? ¿Es por generar valor o por obtener crédito en cierta competencia informal? Casi todos queremos pensar que la primera razón es verdadera, pero Daniel Kahneman y sus colegas explican de forma persuasiva el fenómeno de la negligencia de alcance al argumentar que contribuimos con el dinero necesario para cubrirnos de "un cálido resplandor" cuando ayudamos a resolver el problema. Y nos olvidamos de la mayor cantidad de beneficio que podemos producir.

A las personas les importa el reconocimiento que obtienen por sus gestos caritativos hasta el punto de que aportarían menos o nada si no obtuvieran ese reconocimiento. Esperaría que muchos reconsideraran esa necesidad de reconocimiento, pero existen muy pocas razones para pensar que desaparecerá por completo, por lo que las organizaciones que buscan generar un bien mayor deberían considerar cómo podrían ofrecer reconocimiento a sus donadores.

El filósofo Peter Singer inicia algunas de sus conferencias pidiéndole a las personas de la audiencia que se imaginen que, de camino al trabajo, encuentran a un niño ahogándose en un estanque. Para salvarlo, deben brincar y llenarse la ropa de lodo. "¿Tienen la obligación de salvar al niño?", pregunta a sus interlocutores. Los asistentes confirman rápido que sí y entonces él señala que existen millones de niños allá afuera, en países remotos, cuyas vidas pueden salvarse con una contribución que tendría un costo tan relevante como el agua y el lodo.

Y, sin embargo, pasamos de largo cuando tenemos la posibilidad de ayudarlos. ¿Por qué? Porque son niños alejados de nosotros, no los vemos de forma directa y no les conferimos identidad. Muchos de nosotros no nos sentimos identificados con aquellos que sufren en lugares lejanos.

La anécdota de Singer sirve para clarificar por qué preferimos ayudar a la gente de nuestra comunidad más que aquellos que se encuentran alejados, incluso cuando podríamos causar un beneficio mayor con la misma contribución. **Queremos sentirnos conectados con el bienestar que producimos.** Esto también explica que prestemos atención a las peticiones de aquellos que se dirigen a nosotros de manera directa sin pensar que una organización que vale más la pena podría hacer más con nuestro dinero.

Sin embargo, cuando se le pide a la gente pensar cuánto valoran sentirse conectados con sus donaciones, tienen problemas para justificar esta preferencia y son más proclives a contribuir en el lugar donde pueden generar un bien mayor. Nuestra intuición busca más las conexiones, mientras que, la inteligencia activa se preocupa más por el verdadero impacto que causamos.

Los psicólogos Nicholas Epley y Eugene Caruso han documentado en reiteradas ocasiones que tenemos una sorprendente capacidad para reflexionar en los pensamientos y emociones de otros, pero únicamente si están justo frente a nosotros. Podemos entender la experiencia emocional de otra persona de forma directa mientras estudiemos su rostro. Podemos pensar las preferencias de nuestra pareja con bastante exactitud. De igual forma, somos capaces de imaginar cómo debe ser la vida para las personas más pobres del mundo, pero generalmente fracasamos al momento de activar esa imagen.

El psicólogo cognitivo Boaz Keysar ha resaltado la incapacidad que tenemos de pensar en otros, incluso cuando podemos hacerlo mediante un concepto al que llama "la ilusoria trasparencia del intento". Antes de que utilizáramos el GPS para llegar a donde necesitamos ir, Keysar describe qué tan común era dar indicaciones para encontrar tu casa.

Como probablemente recordarás, no era extraño que un amigo se perdiera y tuviera que encontrar un teléfono público (recuerda, esto es antes de la era de los celulares) para pedir explicaciones. ¿Por qué se perdió nuestro amigo si es muy inteligente y las indicaciones eran claras? La respuesta es que olvidamos compartir los detalles familiares de los que dependemos, como el hecho de que el camino se dobla un poco a la derecha a cinco calles de nuestra casa.

De la misma manera, somos más o menos igual de inefectivos al dar instrucciones a nuestros compañeros de trabajo de cómo desempeñar una tarea que nosotros hacemos todo el tiempo. En general, **al momento de dar instrucciones a otros, no somos capaces de pensar la tarea desde su perspectiva. Es decir, asumimos erróneamente que nuestra intención y conocimiento son transparentes.** La ilusoria transparencia del intento se solapa con la maldición del conocimiento que discutimos anteriormente.

Para pensar otro ejemplo en el que tendemos a ser egocéntricos, solo hace falta evocar la tan común tarea social de dar regalos. ¿Cómo puedes escoger un regalo para alguien desde la perspectiva de generar el mayor bien posible? La meta sería que la persona que recibe el presente obtenga un beneficio más grande que el costo (tiempo y dinero) que representó conseguirlo.

Para alcanzar esta meta, quizá pienses de qué manera tus conocimientos te permiten identificar los productos o servicios que el destinatario valoraría, pero que quizá no sabe aún que existen. Ahora piensa en todas las veces que te has mudado y que en realidad no tenías ganas ni de empacar ni de cambiarte de lugar.

¿Qué tienen en común ambas situaciones? Mi conclusión es que en ambas suele tratarse de caprichos tales como libros bobos, piezas de arte simplonas u otros regalos de broma que es divertido dar y recibir. La persona que hace el regalo piensa en la experiencia al momento de darlo, pero no en el beneficio a largo plazo que se recibirá de él. El punto más importante es que aquellos que regalan pueden crear un beneficio mejor si miran más allá de la dicha que sentirán al ver la reacción inicial de quien lo recibe y piensan en la experiencia que tendrá a la larga el destinatario.

Para obtener más evidencia de nuestro egocentrismo, el profesor Don Moore de la Universidad de Berkeley, California, y autor del libro *Perfectly Confident*, descubrió en su investigación que las personas se presentan con un sesgo al momento de asumir que realizan algunas actividades con cierta dificultad peor que el promedio (para la mayoría, esto incluiría hacer malabares), mientras que en otras actividades sencillas son mejor que el promedio (para la mayoría esto incluiría manejar un automóvil).

Naturalmente, casi todas las personas son malas en actividades difíciles y buenas en las sencillas. Sin embargo, **cuando valoramos nuestra capacidad de hacer algo, tendemos a enfocarnos solo en nuestra habilidad y no comparamos nuestro desempeño con el de otros,** aun y si tenemos acceso a esa información.

Del mismo modo, bastantes investigaciones han demostrado que el egocentrismo lleva a las personas a reclamar más crédito del que merecen por su trabajo y otras tareas. Esto aplica para ricos y pobres, hombres y mujeres de todas las etnias. En mi trabajo con Nick Epley y Eugene

Caruso, les pedimos a algunos coautores que estimaran el porcentaje total de su contribución en algún trabajo académico. En promedio, los trabajos sumaban un 140 % al reunir el porcentaje de crédito que cada uno se atribuía.

Ninguno pretendía ser egoísta de forma intencional, sino que solo se enfocaron en su parte y no en lo que hicieron los otros. De hecho, cuando los tres le preguntamos a los autores qué tanto hizo cada autor en el ensayo de cuatro autores, todos pensaron más en el trabajo de los demás y sus sesgos egocéntricos se redujeron a la mitad.

RECUERDA:

Entre las docenas de sesgos cognitivos que los investigadores han identificado existen algunos relevantes para la toma de decisiones éticas. Estos nos impiden apegarnos a nuestros criterios morales internos, que son más reflexivos.

Desarrollar nuestra inteligencia activa

Al mirar las cuatro fuentes de sesgos que acabamos de describir en la sección anterior (el anumerismo, el cálido resplandor y el reconocimiento, la necesidad de conexión y el egocentrismo), puedes ver que todas ponen al centro tu intuición, tú identificación con la víctima, tu sentido de reconocimiento, tu conexión y tu tendencia a enfocarte en ti mismo por encima de los datos duros. Para crear un beneficio mayor en el mundo hay que pensar más allá de nosotros. Un buen punto de inicio es considerar los dos modos primarios de toma de decisiones: el sistema 1 y el sistema 2.

Los modelos prescriptivos de toma de decisiones nos motivan a pensar de forma racional, al prescribir estructuras que nos ayudan. Por ejemplo, en nuestro libro *Criterio en la toma de decisiones gerenciales*, Don Moore y yo subrayamos los siguientes pasos para elegir adecuadamente frente a múltiples opciones.

1. Definir el problema.
2. Identificar los criterios relevantes.
3. Sopesar los criterios.
4. Generar alternativas.
5. Clasificar cada alternativa en cada uno de los criterios.
6. Calcular la decisión óptima.

A la mayoría de la gente le parece que esta lista tiene sentido. Sin embargo, cuando les preguntas si normalmente siguen pasos como estos, contestan: "Por supuesto que no". De hecho, si decidieras todo siguiendo de forma metódica estos pasos, tardarías horas para elegir cada producto del supermercado. Es más lógico seguir estos pasos al enfrentar decisiones importantes, pero incluso en estos casos, la mayoría de nosotros estamos aún muy lejos de ser sistemáticos.

Como discutimos en el capítulo 1, una manera de tomar mejores decisiones es desplazarnos del sistema 1 al sistema 2. No obstante, aunque enfrentemos situaciones cruciales, tendemos a utilizar el sistema 1 cuando estamos muy ocupados. El ritmo frenético de nuestra vida profesional sugiere que líderes muy importantes se dejen guiar por los procesos del sistema 1.

Asimismo, los libros más vendidos, incluido *Blink*, de Malcom Gladwell, le da a la gente la falsa esperanzas de que pueden confiar en sus pensamientos del sistema 1. De hecho, existen muchas razones para cuestionar nuestra intuición y hasta las personas más brillantes emiten juicios erróneos en su vida diaria.

Sin embargo, el desplazamiento del sistema 1 al 2 puede tomar varias formas. Puede suponer de forma explícita seguir una lista de pasos como los detallados anteriormente. Tal vez se refiere a examinar de forma crítica la vía por la que se inclina tu intuición. Puede ser esperar hasta no estar bajo presión o estrés, momento en el que es más probable que tu intuición se descarrile.

Quizá implique pedirle a un amigo, colega o compañero inteligente que te ayude a analizar el problema o resolverlo en grupo. O podría involucrar el uso de una calculadora, computadora o algoritmo, ya que esto aporta un mayor análisis lógico del problema.

Regresando al ámbito de la ética, Joshua Greene se vale de la investigación sobre procesamiento dual para explicar por qué dos personas tienen modelos distintos de razonamiento moral y de toma de elecciones.

Utilizamos el sistema de razonamiento 1 o nuestras respuestas intuitivas e instintivas para responder a la mayoría de las situaciones morales. Greene ofrece vasta evidencia de que nuestro sistema 2, el más deliberativo, nos conduce a elecciones que generan mayor beneficio. Este trabajo nos ofrece la guía para avanzar hacia criterios más utilitaristas, creadores de beneficio. En aras de la eficiencia, podemos seguir utilizando el sistema más rápido e intuitivo para las elecciones de todos los días. Sin embargo, cuando podemos darnos el tiempo, nos es posible crear más valor al usar sistemas más deliberados.

La inteligencia activa ayuda

Pregúntate cómo produces beneficio para ti y para otros actualmente. ¿Existen formas de crear más? Es curioso, pero la mayoría de gente no ha examinado o valorado su comportamiento ético. Una vez que estás motivado para echar a andar tu sistema 2 al pensar más seguido en actuar mejor, necesitarás algunas herramientas. Aquí te presento tres estrategias prácticas que pueden ayudarte a tomar elecciones más éticas.

1. Unir y no separar las evaluaciones

A menudo, reaccionamos de manera emocional a los problemas morales. Por desgracia, nuestras decisiones basadas en emociones tienden a ser diferentes de aquellas que tomaríamos en estados mentales más racionales y en contextos de más calma.

Una de las razones por las que les otorgamos tanto peso a nuestras emociones es porque solemos considerar una opción a la vez. Existen importantes documentos que muestran que cuando valoramos una opinión (como un producto, un empleado potencial, una oferta de trabajo o unas posibles vacaciones), el sistema 1 influye considerablemente en nuestras decisiones. Por el contrario, **comparar múltiples opciones necesariamente emplea el procesamiento del sistema 2, de tal forma que lo que elegimos tiende a ser más cognitivo, menos sesgado y más utilitarista.**

Veamos la tarea de valorar ofertas de trabajo. Mis colegas y yo les preguntamos a estudiantes graduados de la maestría en Dirección si aceptarían varias ofertas de trabajo por parte de una consultora al enfrentarse a un plazo límite. A aquellos dentro de la condición A se les dijo que recibirían un salario moderado, que sería igual al de todos los graduados de este programa. Por su parte, a los de la condición B se le ofreció un salario más alto, pero se les hizo saber que a algunos estudiantes se les ofrecería aún más. El trabajo A pagaba menos que el trabajo B, pero el trabajo B desencadenaba una reacción emocional en los estudiantes, ya que con esto surge el problema moral de que la firma le está pagando más a otros que a ellos. Este tipo de comparaciones sociales tienen un fuerte impacto en nuestros juicios y decisiones.

La comparación social y las emociones que activa tienen un efecto mucho mayor cuando estamos evaluando una sola opción que cuando estamos comparando dos o más opciones al mismo tiempo. Cuando a los estudiantes de la maestría en Dirección se les ofrece bien el trabajo A, o bien el B, eligen el A como más atractivo debido a su reacción emocional al recibir menos que otros en la opción B. No obstante, cuando se les dice que recibieron ambas ofertas y deben elegir, eligen el B antes que el A. La cognición que demanda la comparación conjunta anuló las reacciones emocionales de los estudiantes y les permitió concentrarse en que el trabajo B les pagaría más que el A.

¿Estarías interesado en una herramienta que te permita contratar mejor personal y discriminar menos en el proceso? En un estudio diferente, la economista Iris Bohnet, Alexandra Van Geen y un servidor determinamos la toma decisiones conjuntas como dicha herramienta. Vimos que cuando las personas evalúan candidatos para un empleo de forma individual, el sistema 1 suele dominar. Como resultado, tienden a confiar en estereotipos de género: se inclinan a contratar hombres para tareas matemáticas y mujeres para tareas verbales.

Por su parte, cuando la gente es capaz de valorar a dos o más candidatos al mismo tiempo, ponen más atención en los criterios relevantes para la posición. Sus decisiones son más éticas hacia los candidatos y el desempeño de la empresa mejora.

RECUERDA:

Las cuatro fuentes de sesgos éticos son: 1. el anumerismo, 2. el resplandor cálido y el reconocimiento, 3. la necesidad de conexión y 4. el egocentrismo. Todas ponen al centro tu intuición, tú identificación con la víctima, tu sentido de reconocimiento, tu conexión y tu tendencia a enfocarte en ti mismo por encima de los datos duros.

2. El velo de la ignorancia

El filósofo John Rawls ofrece la imagen de un "velo de la ignorancia" como medio para pensar qué sería mejor para la sociedad. El reto de Rawls es imaginar que no sabes nada acerca de tu posición social. En este estado uniforme, detrás del velo de la ignorancia, estarás en una mejor posición para decidir cómo se debería estructurar la sociedad en pro del bien mayor. Rawls entiende de manera intuitiva que tu estatus, riqueza, posición y más consolidan barreras cognitivas al momento de evaluar lo que es justo. Bajo el velo de la ignorancia, podemos actuar mejor.

Un velo de ignorancia que nos impida ser conscientes de nuestro papel en muchas decisiones éticas de la vida real debería tener resultados más sensatos y morales. Volvamos al problema que consideramos en el capítulo 1, donde cinco personas están muriendo en un hospital y un cirujano tiene la oportunidad de matar a una persona saludable para salvarlos.

Ahora, imagina que eres una de esas seis personas involucradas en el dilema, pero estás tras el velo de la ignorancia y no sabes cuál de ellas eres. Auguro que en dado caso estarías más a favor de salvar cinco vidas en vez de una. Después de todo, asesinar a una persona sana te daría 83 % de probabilidad de sobrevivir frente a un 17 %. Quizá este proceso de pensamiento nos haga inclinarnos más a tomar una decisión utilitarista, incluso aun dejando de formar parte de los seis actores principales de la historia. Karen Huang, Joshua Greene y yo confirmamos esto a partir de una serie de experimentos.

De manera más práctica, quiero motivarte a que asumas tu identidad fuera del proceso de toma de decisiones. Por ejemplo, al considerar candidatos para un nuevo puesto en tu organización, intenta olvidar tu lugar de poder, tu religión, dónde estudiaste y otros rasgos o, al pensar cómo sería un sistema fiscal justo, imagina que naciste en un país con un nivel aleatorio de riqueza. Sin saber cuál será tu nivel de posesiones, ¿cuál crees sería la estructura fiscal apropiada? **Al adoptar el velo de la ignorancia, reducimos nuestros propios sesgos y podemos potenciar la moralidad de nuestras acciones.**

3. Precompromiso

No siempre es posible usar el velo de la ignorancia o comparar múltiples opciones al mismo tiempo para tomar decisiones con un componente ético. Otra estrategia útil puede ser que te comprometas previamente con tus metas antes de enfrentar una decisión específica.

Ahora, supongamos que quieres contratar a alguien para un puesto que requiere habilidades cuantitativas. Debido a las limitaciones de la situación, necesitas encontrar un buen candidato y tratar de contratarlo. Es decir, tienes que considerar un postulante a la vez. ¿Cómo elegirías de forma no sexista al mejor candidato?

En colaboración con Linda Chang, Mina Cikara e Iris Boinhet, descubrí que **las personas que piensan primero los criterios que buscan en un empleado antes de considerar un candidato toman mejores decisiones y tienden a contratar empleados de mejor calidad**. Al pensar por adelantado nuestros criterios de contratación, echamos a andar el sistema 2 para descubrir qué constituiría una buena elección.

En cambio, al considerar a un posible empleado en específico, nuestros procesos del sistema 1 prevalecen la mayoría de las veces, incluidos los prejuicios y sesgos que afectan la calidad y el valor moral de nuestras acciones.

La toma de decisiones conjunta, la autoimposición de un velo de ignorancia y el precompromiso nos permiten desplazarnos no solo del sistema 1 al sistema 2, sino también a tomar mejores decisiones con un mayor valor moral. Dicho de forma general, **todos podemos echar a andar de forma activa nuestra inteligencia y obtener elecciones más éticas y mejores como resultado.**

En el siguiente capítulo, confrontaremos las barreras cognitivas que surgen cuando tomamos elecciones que involucran a otras personas (como nuestra tendencia de verlo todo como cuestión de ganar o perder). Cuando logras ir más allá del mito que te hace creer que lo que es mejor para ti no es compatible con hacer lo correcto, descubrirás que se abre un camino hacia la frontera donde los buenos resultados y la ética pueden coexistir.

CAPÍTULO 3

Hacer acuerdos sensatos

¿QUÉ ES MÁS IMPORTANTE: EL TIPO DE TRABAJO QUE REALIZAS O TU SALARIO? ¿LA CALIDAD DEL VINO O EL SABOR DE LA COMIDA? ¿LA UBICACIÓN DE LA CASA QUE ESTÁ EN VENTA O SU TAMAÑO? ¿AHORRAR DINERO O DISFRUTAR CADA DÍA DE LA VIDA?

ES CURIOSO, PERO MI EXPERIENCIA DICE QUE LA MAYORÍA DE LAS PERSONAS RESPONDERÁN FÁCILMENTE A ESTAS COMPARACIONES SIN IMPORTAR QUE IGNOREN CUÁNTO DE SU SALARIO HAN SACRIFICADO POR DISFRUTAR MÁS SU TRABAJO O CUÁN GRANDE PODRÍA SER SU CASA SI INTERCAMBIASEN SU UBICACIÓN POR EL TAMAÑO.

Los analistas de decisiones nos dicen que no deberíamos contestar a estas preguntas únicamente en función de lo que sentimos que es más importante para nosotros.

En lugar de ello, debemos conocer qué tanto estamos renunciando a un atributo para ganar otro.

Es común que los políticos en campaña electoral prometan hacer todo lo posible para asegurarse de que "pagues menos impuestos", "puedas acceder a servicios de salud gratuitos", "el gobierno proteja el medio ambiente", "la deuda nacional no crezca" y mucho más. A los votantes les agradan estas promesas simplistas o, al menos, les gustan aquellas que coinciden con sus propias políticas.

Sin embargo, los acuerdos necesarios para cumplir una promesa no tienen sentido. En muchos intercambios, podemos ganar muy poco desde una dimensión y mucho desde otras.

Para elegir trabajo, casa, vacaciones o tomar una gran decisión en política pública, necesitamos hacer acuerdos inteligentes desde varias dimensiones. **Cuando tomas una decisión con sabiduría, haces un intercambio justo y creas beneficios.** Algunas decisiones son muy sencillas porque el resultado es obvio. Si tienes que elegir entre dos trabajos, uno que es emocionante y retador, y otro aburrido que paga mil dólares más al año, posiblemente sería sencillo elegir el que suena más interesante.

En cambio, las decisiones más difíciles hacen que los criterios se apilen uno encima de otro y que las opciones parezcan muy similares en el balance general. Si el trabajo menos interesante te pagara 20 mil dólares más anualmente y aún tuvieras una deuda considerable con tu universidad, tomar la decisión sería mucho más complicado porque cada opción destaca por criterios distintos. Con mucha frecuencia, la gente confía en su intuición para este tipo de elecciones y como resultado les dan demasiada importancia a criterios emocionales.

Por eso siempre es más recomendable comparar opciones metódicamente. Quizá podrías crear dos columnas con dos opiniones en la parte superior y luego enlistar los criterios a mano izquierda y valorar qué tan importante es cada uno para ti y de igual forma indicar qué tanto cumple cada opción con cada uno de los criterios.

Suena un poco formal, pero permitirle a tu sistema 2 revisar la intuición de tu sistema 1, te lleva a hacer acuerdos más inteligentes con regularidad.

Al tomar decisiones más acertadas, con implicaciones más allá de nosotros, crearemos más beneficio. Debemos lograr acuerdos siguiendo varios criterios. En el capítulo anterior, resumimos la evidencia que asegura que, al evaluar una opinión a la vez, nuestro sistema intuitivo guía nuestra elección, tomamos peores decisiones y generamos menor beneficio, a diferencia de cuando comparamos dos opciones.

Lucius Caviola, académico de la Universidad de Harvard, y sus colegas utilizan investigaciones para demostrar que prestamos más atención a los gastos generales cuando valoramos una organización a la vez, mientras que nos enfocamos más en la efectividad general y donamos nuestro dinero de forma más acertada cuando comparamos. Retomaremos el tema de la filantropía con mucho más detalle en el capítulo 9.

Crear y demandar valor en una negociación

El tipo más simple de acuerdo que podemos hacer está limitado por nuestras decisiones personales como dónde vivimos, qué trabajo tenemos, entre otros. Muchas veces, cuando alguien más interviene en nuestras decisiones, necesitamos negociar. Al hacerlo, los posibles acuerdos están muy dispersos y nos enfrentamos a ellos desde múltiples cuestiones que implica negociación.

Así, competimos y cooperamos al mismo tiempo con nuestra contraparte, tomando decisiones que benefician a nuestro grupo frente a la sociedad en general. Creamos beneficios al hacer acuerdos en asuntos de distinta importancia para cada una de las partes. **En la medida que desees preocuparte por otros y por la sociedad a largo plazo, tus decisiones se inclinarán hacia generar más beneficio, cooperar y pensar en grupos cada vez más amplios.**

Imagina que es viernes por la tarde y quedaste de salir con esa persona que tanto te interesa, pero no hicieron planes específicos. Si son como muchas parejas, cuando llegue la hora de la cena, tu cita podría preferir el restaurante A, mientras tú querrías ir al C. Dado que ambos son personas razonables, deciden ir al lugar B. Tras la cena, quieren ver una película, tu pareja propone la película D y tú la F, por lo que una vez más, queriendo ser razonables, optan por la película E. El combo B-E trae como resultado una tarde agradable.

De regreso a casa, ambos se dan cuenta que a uno le importaba mucho más la decisión de la película que la del restaurante y viceversa. De tal forma que el combo A-F hubiese sido preferible para los dos, mientras que el combo B-E no logró ofrecerles el valor que A-F ofrecía.

Este pintoresco y poco relevante caso ejemplifica una forma de pensar la negociación: como la creación de beneficio. Un principio muy simple que se enseña en prácticamente cualquier curso de negocios es que puedes generar mayor beneficio al hacer acuerdos considerando todos los aspectos implicados.

Esto quiere decir que siempre hay al menos dos elementos en una negociación (cena/película o precio/términos de financiamiento/tiempo de entrega). Esto es fundamental si queremos saber qué tan importantes son los distintos factores para cada parte involucrada, lo que te permitirá buscar posibles acuerdos en determinada situación. Aunque no estés a favor de la inclinación utilitarista de este libro, sí te interesa encontrar una forma acertada de hacer tratos donde generes más beneficios.

Con base en mis muchos años de experiencia como profesor de negocios y consultor de directivos, puedo decirte que es común que las partes se involucren en acuerdos que asemejan el modelo A: las partes han cerrado un pacto y ambas obtienen valor de él, sin embargo, hay muchos otros convenios disponibles que podrían proveerles más valor.

Presta atención a cómo los acuerdos D, E y F son mejores que el A desde la perspectiva de ambas partes, pero que tú preferirías D y tu contraparte F. Esta tensión entre tú y tu oponente en la reclamación de beneficios entorpece una búsqueda más inteligente del beneficio y termina dejando a ambos con la patética resolución A.

En la siguiente gráfica se muestra la importancia que tiene buscar acuerdos en una negociación.

CREANDO VALOR PARA TI Y LA OTRA PARTE

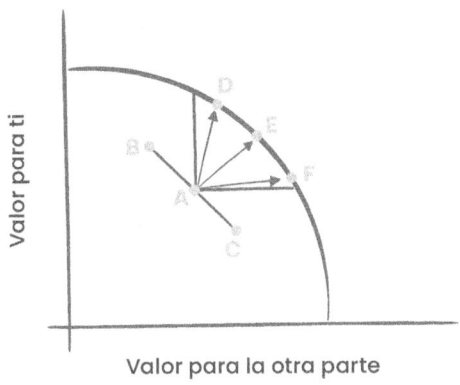

En mis cursos también entran muchos estudiantes pensando que son grandes negociadores, pero por lo general lo que quieren decir es que son muy buenos para regatear y no mantienen el registro de cuántos posibles tratos arruinan al ser agresivos. La mayoría de estos que se autodescriben como "grandes negociadores" pocas veces piensan en la creación de beneficio. Comúnmente padecen de lo que en la jerga inglesa de negocios se conoce como "el síndrome del pastel rebanado". Es decir, asumen erróneamente que las rebanadas del pastel ya están cortadas y no pueden variar sus proporciones.

Ahora, muchos concursos son de ganar o perder, incluidas las competencias atléticas, las admisiones a escuelas privadas y las batallas corporativas por participar en el mercado. En realidad, **en casi todas las negociaciones tenemos la posibilidad de hacer crecer el pastel de manera tal que ambas partes obtengan mayor beneficio.** Motivo a los estudiantes de negocios a crear tantos beneficios como sea posible o, dicho de forma más técnica, a emplear el Óptimo de Pareto.

Este concepto se define como el punto de equilibrio donde los acuerdos existentes no pueden complacer más a las otras partes, pues cada una tiene el mayor beneficio posible sin restarle bienestar a la otra. A muchos negociadores les preocupa que si comparten la información que se requiere para generar beneficios, la otra parte reclame más beneficios y terminen embaucados. Deepak Malhorta, economista estadounidense enfocado en negociación, y yo exploramos cómo puedes crear beneficio y a la vez reducir los posibles reclamos de las otras partes en el libro *El negociador genial*.

Siguiendo con este típico error del pastel dividido, veamos una variación de la misma gráfica. Considera tu estado actual de existencia, en el que creas un bien para ti y el resto del mundo. En la siguiente gráfica representaremos nuestro estado actual de existencia con la letra A.

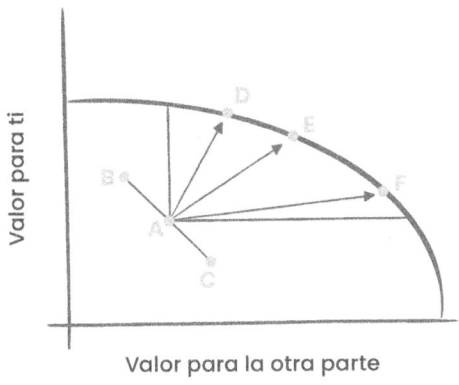

CREANDO VALOR PARA TI Y LA OTRA PARTE

Cada que te vuelves menos generoso te mueves del punto A al punto B. Y cada vez que te vuelves más generoso, te desplazas hacia el punto C. Pero ¿qué sucede con el mayor impacto que puedes generar a menor costo si te desplazas hacia los puntos D, E y F, donde es posible producir más beneficio para ti y la sociedad? Este capítulo se enfoca en cómo hacer el mayor bien no solo a partir de tu generosidad, sino también de tu efectividad al trasladarte hacia el noreste de esta tabla en relación con cómo eliges, negocias y buscas oportunidades para encontrar intercambios que creen beneficios.

Por último, observa en la imagen que el eje horizontal es más largo que el vertical (y que la línea A-F es más larga que la línea A-D). Esto resalta que **la cantidad de bien que puedes hacer a otros es mucho más significativa que la que puedes obtener para ti con el mismo nivel de recursos.** Como subraya el materialismo, una suma fija de dinero es mucho más útil para la necesidad de algunos de lo que lo es para aquellos lo suficientemente acomodados como para estar leyendo este libro.

Para nuestros propósitos y desde una perspectiva utilitarista, basta con decir que sería una pena que te preocupara moverte un poco del acuerdo A al acuerdo C porque te detendría de avanzar drásticamente en dirección al acuerdo E.

Incluso cuando en ocasiones perdemos beneficios, enfocarnos en generar un bien mayor siempre resulta bien al final. Enfocarse en esto ocasionalmente tiene un pequeño costo, sin embargo, se compensa con el beneficio que obtienen los demás y, durante el proceso, utilizas una estrategia más para hacer del mundo un lugar mejor.

RECUERDA:

Siempre hay al menos dos elementos en una negociación. Esto es fundamental para saber qué tan importantes son los distintos factores para cada parte involucrada, lo que te permitirá buscar posibles acuerdos en determinada situación.

Sobre el tratado de libre comercio

En el verano de 2018, para el programa de negocios de la Facultad de Derecho de Harvard, me preguntaron cuál era el error más grande que había visto en una negociación.

La respuesta era evidente: "El error más grande que he visto recientemente es... la negociación del gobierno de Estados Unidos con el gobierno de China sobre comercio".

La política de comercio de Estados Unidos ejemplifica el mítico pastel dividido por suponer que cuando un lado gana, el otro pierde. Para 2016, el país se recuperaba muy bien de la recesión de 2008 e iba por buen camino para restablecer su poder económico. Esta recuperación incluía una serie de tratados de libre comercio internacionales.

El libre comercio crea beneficios de muchas formas. Promueve la eficiencia gracias a que existe una mayor competencia, le permite a cada país especializarse en lo que produce mejor e intercambiarlo con otros países por aquellos bienes que están en desventaja.

Gracias al tratado de libre comercio, los consumidores se benefician del acceso a una gran variedad de bienes y precios más bajos mediante la competencia. **Los tratados de libre comercio destruyen los monopolios concentrados en una sola nación al dejar que ingresen actores externos al país, además, promueve el intercambio de conocimiento e incluso reduce las probabilidades de guerra,** puesto que pocas veces hay ataques entre socios comerciales.

En general, el libre comercio crea valor neto para todos los países involucrados. Aunque, en países específicos puede haber pérdidas, sobre todo en países y sindicatos en áreas donde otros países producen productos mejores y más baratos.

Había muchas razones para que Estados Unidos no estuviera contento de su posición comercial con China antes de 2018. China tenía un historial consistente de necesitar que compañías extranjeras entraran de forma conjunta con empresas chinas locales para acceder al mercado chino.

Además, las compañías extranjeras también debían someterse a una inspección del gobierno chino, que muchos oficiales estadounidenses vieron como una oportunidad conveniente en la que China podía robar propiedad intelectual. Muchos otros países compartían las mismas preocupaciones, pero carecían de poder para actuar ante ellas.

Si bien, el régimen de comercio que existió en 2016 pudo haber creado beneficios tanto para Estados Unidos como para China, era posible argumentar que existían acuerdos más cerca del punto F de la gráfica que mostramos anteriormente y que Estados Unidos debía forzar una renegociación para llegar al punto E o siquiera al D.

Sin embargo, el gobierno estadounidense asumió erróneamente la mítica visión del pastel dividido, por lo que las negociaciones no respetaron el Óptimo de Pareto y hubo un retroceso al punto A o incluso algo peor. Para intentar garantizar concesiones que no son recíprocas de parte de China, Estados Unidos impuso tarifas sobre las importaciones del país oriental y este, en lugar de hacer concesiones, respondió como era de esperarse: haciendo lo mismo con las importaciones provenientes de Estados Unidos.

Si quieres comenzar una guerra comercial, es sensato pensar que el país con el que decides enemistarte responderá igual. Es predecible que, al perder parte del mercado de Estados Unidos, China se acerque a otros socios comerciales para remplazar la demanda perdida.

Curiosamente, muchos de estos otros socios comerciales estaban también molestos con China por la misma razón. Por lo tanto, cualquier negociador prudente vería la necesidad de coordinar la estrategia con sus aliados.

Por desgracia, Estados Unidos optó por oponerse a casi todos sus socios clave cerca de las mismas fechas. Como resultado, muchos se enfocaron en fortalecer sus relaciones con China. En el caso de esta guerra comercial, el dolor que sufrió China es por mucho menor al que experimentó Estados Unidos y todo el beneficio que podía crearse durante el libre comercio se desperdició.

Gestionar acuerdos entre cooperación y competencia

La historia de la guerra comercial resalta otro rompecabezas que debe resolverse en términos de acuerdos. Hablemos ahora de situaciones comunes con las que puedes confrontarte. ¿Deberías ayudar a tus colegas a tener éxito en el trabajo o deberías competir con ellos para tener más oportunidades de obtener el próximo ascenso? ¿Debes destacar la ayuda que recibiste de otros para tener éxito o es mejor tomar todo el crédito solo? Estos son dos claros ejemplos que afrontamos entre cooperar y competir.

De hecho, estas decisiones se encuentran en el corazón de uno de los problemas más famosos de teoría de juegos en donde tú y un amigo han sido arrestados por un crimen menor y tendrán que ir a la cárcel por un año. No obstante, la policía cree que también cometieron un crimen más grave (y están en lo cierto).

Tú, el prisionero A, y tu colega, el prisionero B, fueron separados en habitaciones distintas. La policía te está ofreciendo un trato: si tú confiesas, pero el prisionero B no, puedes entregarlo y darle a la policía la evidencia que necesita para procesarlo. Él irá tres años a la cárcel y tú quedarás libre.

Desafortunadamente para ti, la policía le ofreció el mismo trato a tu compañero (observa la siguiente imagen). Además, también aclararon que, si ambos confiesan, ambos recibirán una condena de dos años. Ambos enfrentan el mismo problema: están mejor sin confesar (cada uno obtiene un año) y confesando (ambos obtienen dos años), sin embargo, de forma individual, están mejor si confiesan, independientemente de lo que haga el otro. Si tu socio confiesa irás dos años a la cárcel en vez de uno, pero si lo haces y él no, quedarás libre. Por tanto, mientras de forma colectiva están mejor si cooperan, ambos tienen un incentivo para desertar o competir.

	PRISIONERO B	
	Prisionero B se mantiene callado (coopera)	El prisionero B traiciona (compite)
PRISIONERO A — Prisionero A se mantiene callado (coopera)	Cada uno recibe una condena de 1 año	Prisionero A: 3 años Prisionero B: queda libre
Prisionero A traiciona (compite)	Prisionero A: queda libre Prisionero B: recibe 3 años	Cada uno recibe una condena de 2 años

El juego de "El dilema del prisionero" se hizo famoso por capturar la esencia del acuerdo entre competir y cooperar.

Además, se ha convertido en un prototipo que se utiliza para determinar qué factores inciden en la decisión de cooperar e identificar cómo puedes pensar en tratos entre competir y cooperar cuando no estás seguro de qué harán los otros.

El dilema del prisionero ha sido el tema de miles de trabajos científicos y durante el proceso, ha sido repensado de diversas formas hasta verse más parecido al siguiente problema (es útil pensar las unidades como dólares).

	JUGADOR B	
	Coopera	Competir
JUGADOR A Coopera	A:3 B:3	A:0 B:5
JUGADOR A Competir	A:5 B:0	A:1 B:1

En muchas de estas investigaciones, los participantes juegan una y otra vez con el mismo colega y descubren lo que hace el otro en la primera ronda. ¿Competirías o cooperarías? ¿Cómo cambiaría tu estrategia al jugar muchas rondas?

Un psicólogo con el nombre de Anatol Rapoport defiende una estrategia llamada "ojo por ojo" para jugar varias rondas de este dilema. La estrategia consiste en cooperar en la primera ronda y después hacer lo mismo que el otro jugador haya decidido hacer. Y así en todas las rondas subsecuentes.

Esto quiere decir que la acción de tu compañero en la primera ronda determina tu acción en la segunda y su acción en la segunda determina la tuya en la tercera y así sucesivamente hasta alcanzar la ronda número doscientos.

No obstante, "ojo por ojo" no es el mensaje que hay que llevarse a casa. En vez de esto, Axelrod señala que **las estrategias efectivas para gestionar las relaciones en el mundo real y generar más valor son ser amable, simple, sensible y compasivo.** Las buenas estrategias inician apuntando a crear relaciones positivas. En los juegos reiterativos, las estrategias amables cooperaron en la ronda uno y continuaron haciéndolo mientras la contraparte también lo hiciera.

En el mundo real, las estrategias amables buscan lo mejor en los otros y aceptan el pequeño riesgo de que gente no agradable se aproveche de ellos. Además, las estrategias simples hacen que la cooperación sea más fácil de entender que la competencia. Sin dudas, ser agradable puede hacer que resultes embaucado.

Si cooperas y tu compañero no lo hace, tú obtienes el peor resultado posible, pero solo toman ventaja de ti durante una ronda. En los torneos del dilema del prisionero, algunos expertos presentaron estrategias que avanzaron bastante e incluso les ganaron a otras estrategias amables. Estas obtuvieron muchas veces ventajas a corto plazo, pero no tuvieron éxito a largo plazo.

Un tercer punto clave en el éxito de la alternativa ojo por ojo es que es receptiva: comunica a la otra parte que no piensa salirse con la suya compitiendo mucho. Además, ojo por ojo también se trata de perdonar. No tiene una maldición. Cuando el otro lado demuestra una nueva conducta de cooperación, la estrategia en cuestión permanece abierta a mantener una relación efectiva que genere valor.

Si bien este libro trata de que crees beneficios más allá de ti mismo, debo argumentar que la estrategia de "ojo por ojo" es más utilitarista que las técnicas más agradables que cooperan en toda ocasión, ya que ayuda a la otra parte a actuar de forma más cooperativa, lo que a su vez ayuda a producir más beneficio en conjunto.

Yo trabajo en un sector extraño: la academia. Los profesionales de esta industria por lo general reivindican la misión social de crear nuevos conocimientos y de formar a la próxima generación de líderes. Harvard compite con muchas otras buenas universidades como Stanford, Northwestern y Oxford en distintas dimensiones. Competimos de forma agresiva por los mejores estudiantes de pregrado y para la maestría de Negocios. Competimos por vender nuestras ofertas de educación administrativa y por tener la mejor calificación posible. No obstante, un rasgo que considero fascinante de la academia es el grado en el que cooperamos radicalmente desde muchos otros frentes. Compartimos nuestra investigación con otras universidades competitivas tan rápido como podemos y hacemos lo mismo con nuestros conocimientos pedagógicos.

Quizás el ejemplo más sorprendente de este trabajo en conjunto es cuando una universidad gasta un par de cientos de miles de dólares en capacitar y orientar a un estudiante del doctorado con el objetivo expreso de ubicar al nuevo doctor en un puesto de alguna de las principales universidades con las que se compite, en vez de contratarlo para la misma institución. Para prácticamente cualquier otro sector este nivel de cooperación resulta anormal. Sin embargo, esta normatividad le permite a la academia actuar como un todo unido para descubrir buenas ideas y producir mejores resultados al mejorar la calidad de la educación en todas las universidades. Además, el proceso permite crear más valor social. Siempre me he sentido orgulloso de nuestra cooperación entre miembros de distintas instituciones.

Todos hemos experimentado las tensiones (que implican acuerdos) entre cooperación y competencia. No queremos cooperar y sentirnos burlados si alguien se aprovecha de esto. Sin embargo, desde una perspectiva a largo plazo, vale la pena el sufrimiento en una pequeña y única ocasión si a cambio se encuentran relaciones que nos benefician a largo plazo. El error crucial que cometemos y que nos aleja de esta perspectiva es obsesionarnos con que alguien puede tomar ventaja de nosotros en nuestra situación, desde una perspectiva a largo plazo, si se busca la cooperación en cada oportunidad es mucho más probable obtener buenos resultados. Esto es verdad incluso antes de que pensemos en crear beneficio para otros. Al pensar en los resultados de otros y valorarlos la cooperación resulta sobrecogedora.

RECUERDA:

Óptimo de Pareto es el punto de equilibro donde los acuerdos existentes no pueden complacer más a las otras partes, pues cada una tiene el mayor beneficio posible sin restarle bienestar a la otra.

Maximizar global o localmente

Una crítica común a las organizaciones sin fines de lucro es que, con frecuencia, hay muchas trabajando en el mismo problema. Esto quiere decir que existen cinco organizaciones haciendo el trabajo que un solo organismo integrado podría hacer mejor y, como resultado, pierden la oportunidad de reducir costos generales que podrían haber producido un bien mayor. Regresaremos a este ejemplo cuando hablemos sobre el desperdicio en el capítulo 7.

El asunto más global que, en mi opinión, recibe menos atención es cómo podría organizarse este sector sin fines de lucro para crear todo el valor posible en pro de la causa social en cuestión. Una restructuración del medio puede producir una gran cantidad de beneficio.

La clave es darse cuenta de que lo mejor para la organización a corto plazo puede no coincidir con el máximo beneficio en función del propósito final que se persigue. Sin embargo, reducir los gastos generales al fusionarse puede implicar que algunos líderes pierdan sus trabajos o dejen de estar a la cabeza.

Además, cada organización seguramente tendrá fuertes puntos de vista en asuntos menores y no siempre ganarán las preferencias de todos al trabajar de manera conjunta. Por lo tanto, aunque los beneficiarios de las organizaciones estén mejor, las necesidades miopes y específicas de las organizaciones y sus miembros pueden verse afectadas. Entonces ¿a qué acuerdos se debería llegar entre las necesidades de las organizaciones actuales y los receptores de los servicios sociales?

Espero que la respuesta sea obvia. En el mundo sin fines de lucro, debemos intentar crear el mayor bien posible con los recursos que hay a la mano. Esto significa que **los líderes de estas organizaciones deberían estar dispuestos a sacrificar el prestigio** y la libertad en aras de una organización más efectiva al servicio de sus metas sociales. Con mucha frecuencia, fracasamos al hacer este tipo de concesiones.

El punto sobre la cooperación va más allá de las organizaciones sin fines de lucro. Una de mis herramientas de enseñanza favoritas es una simulación de toma de decisiones llamada "La carrera Carter", escrita por Jack Brittain y Sim Sitkin, ambos investigadores de la Universidad de Texas. Este ejercicio les da a los participantes el papel de dueño de un equipo de carreras de autos de alto nivel. El reto que enfrenta el equipo es si compiten o no. Si ganan (entre los primeros cinco lugares) crearán un bien mayor, ya que obtendrán fondos adicionales, pero si fracasan sería el final de la compañía. Además, a algunos miembros del equipo les preocupa correr con el clima tan frío que se espera para el momento de la carrera.

Cuando utilizo esta simulación en clase, primero le pido a los ejecutivos tomar la decisión individual de si correr o no correr y luego los agrupo en siete para tomar una decisión grupal. Cuando regresan a clase, les pregunto qué tenían en mente cuando iban a reunirse con su grupo.

a) Recolectar perspectivas de los otros seis miembros y tomar la mejor decisión posible.
b) Conseguir que tres miembros estuviesen de acuerdo conmigo y con eso descartar lo que la minoría señala.

La mayoría de mis alumnos admite perseguir el segundo objetivo, pero reconoce que el primero es la mejor forma de tomar una decisión óptima con resultados más eficientes.

Una de las tareas de un líder eficaz es hacer que todas las unidades que conforman la organización se enfoquen en encontrar un objetivo común y no en ganar un concurso interno de poder. Concentrarse en una entidad más general implica más efectividad y hace que la organización se acerque al Óptimo de Pareto, por lo que al final se genera beneficio. De este modo, aunque exista un poco de ambigüedad al determinar si la mejor decisión colectiva es también la mejor solución para ti en una situación específica, buscar la mejor estrategia general es un gran objetivo de vida y una excelente manera de maximizar el bienestar social.

Con frecuencia, enfrentamos este problema enfocándonos o bien en una unidad pequeña (nuestra familia, comunidad, ciudad, iglesia o departamento) o en una unidad grande (por ejemplo, una organización completa y no solo un departamento). Si tu meta es crear tanto bien como sea posible, entonces esta mira de alcance es muy estrecha. Desde un punto de vista utilitarista, las decisiones morales deben basarse en el mayor bien posible y no en el mayor bien para un grupo pequeño que resulta conectado de manera cercana a nosotros.

Cuando no haces las compensaciones acertadas entre ahorrar y gastar dinero, puedes enfrentar problemas muy desagradables. Cuando te limitas a enfocarte en reclamar beneficios, aplastar a la competencia y asegurarte de conseguir una coalición ganadora, quizá obtengas un benéfico a corto plazo, pero es muy probable que tu reputación se vea dañada. Si no logras cooperar y pensar de forma más global, perjudicarás tu habilidad para crear beneficios para ti y el mundo. Alcanzar la máxima bondad posible exige el poder de encontrar buenas compensaciones tal y como lo hacen los buenos negociadores.

CAPÍTULO 4

Frenar la corrupción

GENERALMENTE CREO EN EL PODER DE LOS MERCADOS Y LA COMPETENCIA. NO SON PERFECTOS, PERO SON MUY BUENOS GENERANDO BENEFICIOS PARA LA SOCIEDAD. TAMBIÉN APRECIO A LAS FIRMAS FARMACÉUTICAS POR SUS INNOVACIONES, QUE NOS HAN BRINDADO VIDAS MÁS LARGAS Y SALUDABLES.

DE HECHO, PUEDO DECIR ORGULLOSAMENTE QUE HE OFRECIDO SERVICIOS DE CONSULTORÍA Y ENSEÑANZA A MUCHAS DE ESTAS EMPRESAS. SIN EMBARGO, LAS PRÁCTICAS CORRUPTAS DE LAS FARMACÉUTICAS QUE LIMITAN LA EFECTIVIDAD DEL MERCADO ME DESAGRADAN, PUES LES ROBAN BENEFICIOS A LOS CLIENTES Y DESTRUYEN EL BENEFICIO SOCIAL GENERAL. PERMITIMOS ESTE TIPO DE CORRUPCIÓN DEMASIADO SEGUIDO.

El aumento de los costos de servicios de salud son un problema social bastante apremiante en Estados Unidos, quien gasta más que ningún otro país en salud. Los medicamentos de prescripción constituyen un porcentaje significativo de los costos, cerca del 10% en 2017. Los precios exagerados de medicamentos generalmente ocurren cuando una firma tiene el monopolio de determinado fármaco. Las medicinas genéricas reducen bastante los costos al deshacer estos monopolios, pero **algunas farmacéuticas de marca van muy lejos con tal de mantener los genéricos fuera del mercado y con frecuencia incurren en actos corruptos para hacerlo.**

El primer caso documentado de una farmacéutica que pagó para mantener una medicina genérica fuera del mercado tuvo lugar en 2001, cuando la Comisión Federal de Comercio (o FTC, por sus siglas en inglés), responsable de prevenir las restricciones ilegales de comercio, demandó a la marca Schering-Plough y a la industria de genéricos Upsher Smith, debido a que este último había estado a punto de introducir la versión genérica de K-Dur, un suplemento de cloruro de potasio monopolizado por Schering-Plough, empleado para corregir los niveles de potasio en la sangre.

Upsher-Smith argumentó que podría introducir este producto en el mercado sin violar la patente. Finalmente, ambas empresas terminaron negociando hasta que llegaron a un acuerdo: Upsher-Smith esperaría hasta el último momento de vigencia de la patente antes de vender la versión genérica de K-Dur. De igual forma, la parte demandada recibió 60 millones de dólares de Schering-Plough por cinco patentes no relacionadas con el caso.

La FTC acusó a ambas compañías argumentando que dicho pago no era realmente por las cinco patentes, sino que se trataba de un pago por mantener el genérico fuera del mercado y permitirle a Schering-Plough continuar con su monopolio. Sin embargo esto ya no procedió.

Los abogados de ambas farmacéuticas argumentaron en respuesta a las acusaciones de la FTC que hacer tratos entre distintos asuntos generaba beneficio y era por tanto algo benéfico para la sociedad. Esta perspectiva fue respaldada por un reconocido experto en resolución de conflictos, quien subrayó la creación de beneficio como una de las mayores contribuciones de la literatura de negocios.

Como testigo experto en este caso, sostengo que permitirle a las farmacéuticas coludirse al combinar el estatuto de la patente con tratos laterales terminará por crear un modelo que las industrias de marca puedan utilizar para pagarle a los competidores y mantenerlos fuera del mercado. Mediante la justificación de pagos simulados las farmacéuticas pueden burlar la ley, sin preocuparse por el daño que infligen en los consumidores y, más extensamente, en la sociedad.

Más allá de solo quejarse por los altos precios de los medicamentos y decir "así son las cosas", **es necesario señalar cuando este tipo de corrupción sucede en nuestra organización, ciudad, estado o país.** Es decir, debemos reconocerla como algo más que una mala conducta. Necesitamos verla como un comportamiento que nos aleja de nuestro norte y de la estrella que nos guía para crear tanto beneficio como sea posible. ¿Cómo podemos hacerlo? Con nuestro voto, nuestras acciones políticas y nuestra voluntad de combatir la corrupción que nos rodea.

La corrupción destruye la autoridad moral

La autoridad moral crea confianza y permite que exista más cooperación, tratados sensatos entre países y creación de beneficios para Estados Unidos, mi país de origen, y el mundo. Gracias en gran parte a esta autoridad moral, el gobierno estadounidense posee el poder de producir grandes cantidades de beneficio.

Por el contrario, la corrupción en el gobierno, sobre todo en las altas esferas, hace mucho más que transferir el dinero de los inocentes a los corruptos: destruye el beneficio y debilita el tejido social.

Entre más corrupto es un gobierno, más probable es que se desarrollen incentivos tergiversados y que, ante la frustración, los servidores públicos más competentes y honestos terminen abandonando el gobierno. La competencia traza el camino de las conexiones políticas, el desperdicio y la incompetencia, sin mencionar que la confianza social se pierde en el proceso. Si los empleados del gobierno reciben recompensas al apoyar la corrupción, esta termina por institucionalizarse. No es de sorprender que los países con el mayor nivel de corrupción en el mundo sean muchas veces también los más pobres o aquellos que van en declive.

Si los líderes del gobierno atacan nuestro sistema judicial y la gente los apoya, la nación entera renuncia a su autoridad moral, pierde respeto y destruye beneficios. Cuando la Casa Blanca socavó la investigación del fiscal especial Robert Mueller sobre la interferencia de Rusia en las elecciones presidenciales de 2016, la credibilidad del sistema judicial estadounidense se vio dañada.

Cuando el presidente permanece adherido a sus propios conflictos de intereses y utiliza el más alto mando del país para favorecer sus tentativas comerciales, la autoridad presidencial se debilita. Si toleramos comportamientos corruptos de nuestros aliados, perdemos nuestra autoridad moral.

La autoridad moral pertenece a todos los ciudadanos y no solo a los líderes del gobierno. Los pacientes son más propensos a confiar y seguir las instrucciones del médico si este se conduce con integridad. Los negociantes con autoridad moral intercambian información, logran tratos que crean beneficios y desarrollan mejores relaciones con más facilidad. La autoridad moral de los líderes de organizaciones sin fines de lucro aumenta la confianza en el proyecto, lo que facilita la recolección de fondos y la solución de problemas con creatividad, eficiencia y buenos resultados. Por su parte, la autoridad moral les permite a los líderes corporativos contribuir con lo mejor que puede ofrecer el negocio a la sociedad. En todos estos ámbitos, sacrificar la autoridad moral tiene un alcance perjudicial mayor que el del acto inicial que se comete, ya que **cuando se pierde la confianza en una persona o institución, se pierden también beneficios sociales.**

La compra de leyes a voluntad

Los estadounidenses critican con frecuencia a otros países. Muchas veces, reprochamos a las economías en desarrollo que el comportamiento ilegal interfiere con la libre operación de mercados honestos. Señalamos las naciones donde el abuso de los servidores públicos es algo común.

No obstante, somos mucho menos críticos cuando nuestros propios líderes distorsionan las leyes para favorecer los intereses especiales de algunos grupos y de los líderes mismos frente al público en general. En esencia, podemos decir que contamos con un sistema que permite la corrupción al distorsionar las leyes, sin necesidad de romperlas.

Los abusos que ocurren en Estados Unidos con los famosos programas de préstamos de día de pago son un claro ejemplo de cómo nuestro sistema político puede promover la corrupción. Estos préstamos de corto plazo funcionan como adelantos del salario para que trabajadores pobres u otras personas con problemas financieros puedan obtener dinero de emergencia.

En el mejor de los casos, el cliente es capaz de devolver el dinero en su siguiente día de pago. Sin embargo, estos préstamos, que han estado disponibles por más de 25 años, tienen tasas de interés de entre el 200 y el 500 % anual. Y el consumidor habitual de este tipo de préstamos suele recurrir a ellos en promedio ocho veces al año, además terminan pagando 520 dólares de puro interés en un préstamo promedio de 375 dólares.

Los defensores del consumidor y analistas independientes explican que este servicio genera mucho más daño que bien. La mayoría de las personas que recurren a estas empresas son incapaces de pagar a tiempo, por lo que solo les queda elegir entre incumplir con el pago o pedir más dinero y aumentar sus problemas financieros.

Por lo general, cuando ves sistemas económicos que no aparentan maximizar el beneficio de la sociedad, encontrarás cerca influencias políticas de grupos de interés específicos dispuestas a corromperse. Estos grupos y los funcionarios públicos en deuda con ellos captan como parásitos los beneficios que deberían llegar a los consumidores y ciudadanos.

Considera otro ejemplo como el campo de las auditorías independientes (sé que, para muchos lectores, las auditorías son un tema aburrido, pero esperen un poco). La mayoría de las economías desarrolladas sostienen que las partes externas (inversionistas o socios estratégicos) deben poder confiar en los informes financieros de una compañía al momento de tomar una decisión y las auditorías independientes son la estructura que les permite hacerlo.

Actualmente existen cuatro firmas capaces de auditar a las corporaciones más grandes de la sociedad. La única razón de que existan firmas para auditar es ofrecer auditorías independientes. Sin embargo, esta industria se instauró en Estados Unidos de forma tal que no puede existir independencia en el proceso. Las empresas auditoras tienen de por medio el incentivo económico de no querer que sus clientes las despidan. Si el auditor cuestiona las finanzas del cliente al que audita, estos solo tienen que encontrar otro proveedor mientras que él pierde un trabajo.

Además, estas empresas auditoras tienen un ingreso significativo adicional al vender sus servicios de consultoría, por lo que auditores individuales muchas veces terminan trabajando para las firmas de sus clientes y, como resultado, identificar los problemas en los libros podría acabar con la oportunidad laboral del auditor. Tras una exhaustiva investigación de este conflicto de intereses, mis colegas y yo concluimos hace ya tiempo que las firmas auditoras no cumplen su promesa de actuar con independencia.

Crear la independencia necesaria del auditor para proteger nuestros mercados financieros requiere que una empresa solo pueda auditar y no ofrecer otros servicios, que las corporaciones cambien de auditores y que se les prohíba a los auditores particulares trabajar para las firmas de sus clientes durante un determinado número de años. No obstante, no hemos sido capaces de llegar aún a ese punto pese a todo el beneficio que tal propuesta generaría para la sociedad, al menos en Estados Unidos.

Lo ideal sería que los oficiales de gobierno tomaran decisiones en función de los mejores intereses para la sociedad en general y es difícil pensar que la gente se beneficiará de una institución que fracasa en su misión de realizar las auditorías de forma independiente. Por el contrario, los grupos de intereses particulares en Estados Unidos presionan para escribir las leyes y compran a nuestros políticos a un nivel que resulta desconocido para el resto del mundo.

Este tipo de corrupción solo ha aumentado desde la decisión que tomó en 2010 la Suprema Corte en el caso de Ciudadanos Unidos frente a la Comisión Federal Electoral, donde se anularon las restricciones de gastos de corporaciones y sindicatos para comunicaciones políticas y gastos electorales. Esta infame decisión provocó la creación de los llamados Súper PAC (Political Action Committee, por sus siglas en inglés), que permiten aceptar contribuciones ilimitadas de corporaciones, sindicatos y otros grupos.

Desde entonces, el financiamiento de campañas se ha inclinado hacia los Súper PAC y las organizaciones políticas sin fines de lucro financiadas con "dinero sucio", a través de las que se ha liberado una cantidad sin precedentes de recursos para deformar las leyes en favor de intereses particulares.

Los ciudadanos y las corporaciones estadounidenses pueden quizá respetar más las leyes que otros países, pero ningún otro país ha corrompido los procesos de legislación tanto como Estados Unidos. Sin embargo, **en todas las naciones, la corrupción provoca la destrucción rampante y sin ética de beneficios, sin importar que se violen las leyes.**

RECUERDA:

La autoridad moral pertenece a todos los ciudadanos y no solo a los líderes del gobierno. Los pacientes son más propensos a confiar y seguir las instrucciones del médico si este se conduce con integridad. Los negociantes con autoridad moral intercambian información, logran tratos que crean beneficios y desarrollan mejores relaciones con más facilidad.

La corrupción y la desinformación

Las industrias de tabaco y energía (en específico el carbón y el petróleo) quizá puedan destruir más beneficio que todos los demás sectores juntos. Los cigarrillos mataron cerca de 100 millones de personas en el siglo XX y las muertes por su causa rebasarán por mucho esa cifra en el siglo XXI. El cambio climático, agravado con la producción de petróleo y carbón, quizá termine por matar a más personas que las tabacaleras.

Curiosamente, el sector energético depende de métodos de desinformación muy similares a los que empleó la industria del tabaco hace décadas. En nuestro libro *Puntos ciegos*, Ann Tenbrunsel y yo destacamos las estrategias que emplea la industria para corromper nuestro conocimiento científico y destruir beneficios en el proceso. A continuación citamos algunas.

Ofuscación

Las corporaciones que desean retrasar reformas benéficas tienden a confundir a la audiencia con comunicados intencionalmente ambiguos o poco claros para desorientarla. Con el fin de evitar o desacelerar las medidas antifumadores, la industria del tabaco fomentó la confusión sobre los efectos negativos del cigarro durante décadas, aun después de darse cuenta de todo el daño que causaban estos productos.

Si bien muchas compañías petroleras contaminan, Exxon Mobil ha sido la que más ha engañado al público al ofuscar la existencia del cambio climático, su relación con los seres humanos y la quema de combustibles fósiles. Las grandes tabacaleras y Exxon Mobil son conscientes de que la falta de claridad genera incertidumbre y que el público está menos dispuesto a resolver problemas cuya existencia o severidad no es certera.

Alentar la duda razonable

Por más de cuarenta años (de 1950 a 1990), las grandes compañías de tabaco conservaron la estrategia explícita de sembrar dudas en la cabeza de los fumadores sobre los afectos adversos del cigarro, incluso varios años después de que fuese claro que el cigarro era el causante principal de cáncer de pulmón.

De forma similar, Exxon Mobil empleó suntuosas cantidades de tiempo y recursos en difundir entre el público que algunos expertos dudaban de la existencia del cambio climático y que, en caso de ser verdad, consideraban casi imposible que los seres humanos tuvieran algo que ver. Esas semillas de duda cuidadosamente plantadas hicieron muy difícil que los políticos actuaran ante la situación y que los ciudadanos se movilizaran para apoyar la reforma.

Expresar diferentes puntos de vista sobre los hechos

Para presentar un caso ante el público y los políticos, las fuerzas corruptas insisten en su propia visión de los hechos. Cuando su posición se vuelve insostenible, simplemente cambian de posición y niegan, sin importar que estén ante evidencia avasallante, su conexión con las acusaciones que después reconocen.

Durante décadas la industria tabacalera sostuvo con firmeza que los cigarrillos no eran dañinos y que incluso implicaban algunos beneficios para la salud como el control de peso, la mejora de la digestión y la relajación.

Conforme la evidencia científica de la relación entre el tabaquismo y el cáncer de pulmón fue en aumento, los directivos de la industria reconocieron a regañadientes el consumo de cigarros como una de las muchas posibles causas de cáncer de pulmón, pero insistieron en que no había ninguna evidencia donde pudiera relacionar el cigarro con algún tipo de cáncer y que la relación causal con esta enfermedad era poco clara.

Exxon-Mobil hizo un giro relativamente rápido en los últimos años y pasó de sostener que el calentamiento global no existía a decir que no era provocado por las acciones humanas y que no valdría la pena intentar resolver un problema tan grande. Mantener el punto de vista más reaccionario posible y cambiar de postura solo por necesidad es la forma en que los enemigos de las políticas sensatas retrasan el cambio para continuar generando ganancias.

Mantener el *statu quo*

Desde hace mucho, los psicólogos saben que, **al contemplar una posibilidad de cambio, tendemos a preocuparnos más por el riesgo que implica el cambio que por fracasar y no cambiar.** Imagina, por ejemplo, que recibes una nueva oferta de trabajo mucho mejor que tu trabajo actual en algunos aspectos (pago, responsabilidad, etc.) y algunos son ligeramente peores (ubicación, seguro médico).

Un análisis racional implicaría que, si las ganancias visibles superan las pérdidas proyectadas, deberías aceptar el nuevo trabajo. No obstante, la inclinación psicológica a enfocarse más en las pérdidas que en las ganancias conlleva a rechazar el puesto, conservar el *statu quo* y renunciar a una ganancia neta. Debido a que las pérdidas representan psicológicamente una amenaza mayor que las ganancias, el *statu quo* provoca una inercia que nos obstaculiza la toma de decisiones inteligentes.

El deseo por mantener las cosas como son ejerce una poderosa influencia en nuestras elecciones e interactúa con otras técnicas de obstrucción que ya he descrito.

¿Qué podemos hacer para generar beneficio como ciudadanos? Necesitamos apoyar a los políticos que toman la ciencia como base al hacer política y que son lo suficientemente sensatos y valientes para defender la creación de beneficio en la sociedad. También debemos apoyar una dramática reforma del financiamiento de campañas.

Debemos recompensar a los políticos que están listos para prevenir que las industrias y corporaciones obstaculicen la toma de decisiones que aporten a la sociedad. A final de cuentas, para eso fueron electos. Debemos elegir líderes que busquen castigar con todo el peso de la ley a las organizaciones e industrias que cometan crímenes y destruyan beneficios colectivos.

La corrupción de todos los días

La mayoría de los ejemplos que he descrito en este capítulo involucran una corrupción ofensiva. Claro que muchas de estas conductas no violan ninguna ley. En muchos casos la corrupción tiene lugar cuando las corporaciones ejercen presión en legislaciones que benefician a pocos a expensas de la sociedad.

En lo personal, cada una de las historias que he descrito me perturba y desilusiona. Me frustra que la sociedad permita que este tipo de eventos se desarrollen de esa manera. La desventaja al enfocarse en estos notorios acontecimientos es que nos distanciamos de este tipo de corrupción y asumimos que somos inocentes. Sin embargo, **en muchos casos, la corrupción que enfrentamos en el día a día no es tan evidente o corrosiva, pero aun así es importante.**

En su libro *Cheating: Ethics in Everyday Life*, la profesora de derecho de Standford Deborah Rhode describe qué tan extendido es hacer trampa en la sociedad e ilustra este fenómeno con historias de engaños relacionadas con deportes, negocios, impuestos, plagio, violación de derechos de autor, reclamaciones al seguro y el matrimonio.

Cuando piensas en cualquier acto deshonesto que has hecho en tu vida, como ocultar una pequeña cantidad de ingresos en tu declaración de impuestos o descargar una película pirata, por lo regular racionalizas estos actos en términos de "todo el mundo lo hace", pero debes notar también que estas acciones son en algunos lugares más comunes y socialmente aceptables que en otros. Al participar en actos corruptos, los volvemos difusos y los normalizamos.

Para demostrar cómo es que sucede tal normalización, Rhode cita de manera reiterada toda la corrupción presente en los negocios de Trump que ha sido documentada, incluyendo su desarrollo de negocios y el pago de un acuerdo por 25 millones de dólares por un caso de fraude presentado contra la Universidad Trump. Solo una tercera parte del país considera que Trump es honesto y, aun así, recibió el 46.1% del voto (Hillary Clinton recibió 48.2%).

Sabemos de manera colectiva que es corrupto, pero parece no importarnos. Esta falta de preocupación por la corrupción de nuestros líderes es un problema, ya que envía el mensaje de que la honestidad es opcional a la siguiente generación de líderes.

En un intento por realizar la difícil tarea de estimar el costo que el engaño y el timo implican para la sociedad, Rhode estimó una cifra que rodea los billones de dólares al año, solo en Estados Unidos. La cantidad incluye 450 mil millones por evasión de impuestos, 250 mil millones por descargas ilegales, un par más de cientos de millones por fraudes a aseguradoras y entre 50 mil y 200 mil millones por robo de empleados.

Probablemente, estas estimaciones son bajas si tomamos en cuenta todo el esfuerzo de las personas por ocultar su deshonestidad. De cualquier manera, los números reales obviamente son muy altos. No solo aquellos que merecen los fondos no los reciben, sino que aquel que estafa pierde un poco su humanidad. Quizás, lo más importante sea que las instituciones que dirige el gobierno fomentan la innovación y permiten la cobertura de seguros están en peligro.

RECUERDA:

Las fuerzas corruptas insisten en su propia visión de los hechos. Cuando su posición se vuelve insostenible, simplemente cambian de posición y niegan, sin importar que estén ante evidencia avasallante, su conexión con las acusaciones. Esta es una de las estrategias que usa la corrupción para distraer.

Combatir la corrupción

Las aseguradoras son un negocio inusualmente simple. En sí, la idea básica consiste en pagar primas de forma regular para que, si algo malo sucede, presentes una reclamación y recibas un pago por el costo de la reparación del daño.

Es una industria que carece de productos físicos y servicios complejos que ofrecer. Sin embargo, al caminar por Londres, Nueva York o Zúrich notarás que este tipo de empresas ocupan grandes edificios y, en ocasiones, más de uno por empresa. Entonces, ¿qué hacen los empleados ahí dentro? Con base en mi experiencia, muchos pasan una gran cantidad de tiempo no pagando las reclamaciones.

Sí, eso dije, no pagando las reclamaciones. Los grandes aseguradores con frecuencia contratan miles de empleados para valorar y negociar con la parte demandante. ¿Por qué no pagar las reclamaciones? Los ajustadores responderían rápidamente que es debido a que la gente miente y a veces miente bastante. Añaden objetos a su lista de lo que fue robado, exageran el valor de las cosas o dramatizan sus lesiones. El fraude es el mayor problema al que se enfrentan la industria de seguros.

De hecho, este sector invierte millones de dólares al año en su detección. Mientras tanto, si le preguntas a los asegurados por qué reclaman más del valor real, comentan que la aseguradora ve la reclamación como punto de partida para la negociación y si eres honesto terminas recibiendo menos del valor de tus cosas. Por lo tanto, irónicamente, ambas partes actúan de forma corrupta para contrarrestar la corrupción que se espera de la otra parte.

Una gran compañía de seguros que conozco bien destina cerca de tres mil ajustadores y tres mil millones de dólares en tarifas legales externas para pagar cerca de 30 mil millones de dólares en reclamaciones. Todo este ajetreo genera costos y destruyen beneficios de forma proporcional a las prácticas corruptas igualmente destructivas. **¿Las cosas son así o se puede hacer algo para producir beneficio?**

Mientras me estaba familiarizando con el sector de los seguros y ofrecía mis servicios de consultoría a una de las aseguradoras más grandes del mundo escribí junto a cuatro colegas un artículo que comienza diciendo "Firmar al inicio". Piensa en el formato de impuestos que declaras cada año o cualquier forma para tramitar un rembolso que hayas llenado en el pasado.

Recordarás que tras haber llenado dichas formas normalmente se te pide que firmes con tu nombre, como garantía de que contestaste todo con honestidad. En la investigación inicial que menciono, mis coautores y yo descubrimos que si la gente se compromete a decir la verdad antes de llenar el formulario (en la parte superior del documento, y no en la inferior, o en la primera vista de un cuestionario en línea y no en la última), contestan con mucha más honestidad.

Este trabajo se publicó en las Actas de la Academia Nacional de las Ciencias (PNAS, por sus siglas en inglés). Que no es el mejor lugar para captar la atención de emprendedores o ejecutivos de seguros. Y, por si fuera poco, tampoco fuimos capaces de replicar los resultados. Esto redujo mi confianza en el artículo.

No obstante, recibí el correo del director de una empresa emergente de seguros llamado Stuart Baserman, quien había leído el artículo original y estaba interesado en hacer que las personas dijeran la verdad en línea. Stu es una persona discreta, pero su esposa lo presionó para que me enviara un correo tanto por el tema de mi investigación como por el hecho de que nuestros apellidos son casi idénticos a pesar de ser poco comunes. Gracias a esto florecieron una amistad y una relación de trabajo.

Stuart es el cofundador de una compañía llamada Slice Labs. Su negocio son los seguros a corto plazo para personas que rentan sus propiedades en Airbnb o Homeaway. Slice puede atender las demandas a un costo mucho menor que las firmas convencionales, pero ¿acaso las personas no son mucho más propensas a mentir en línea?

Aquí es donde entro yo. Después de que Stu me contactó pensando que yo sabía algo sobre cómo hacer que las personas digan la verdad, me contrató como consultor para ayudarle a diseñar el proceso de reclamación de manera tal que se reduzca el fraude. Imagina un mundo donde la gente le dijera la verdad a la compañía de seguros y donde la compañía pagara honestamente por la reclamación.

La mayor parte de los 3 mil millones de dólares que emplea una empresa como mínimo en tarifas legales no sería ya necesaria. Los miles de ajustadores podrían ser sustituidos por solo decenas de ellos. Las reclamaciones podrían pagarse mucho más rápido y los clientes podrían sentirse más felices con su proveedor de seguros.

¿Cómo crear este mundo de seguros utópico? **Para empezar, el objetivo no es alcanzar la honestidad total, así como la meta del libro tampoco es ser perfectos, sino tener alrededor mucha menos corrupción de la que tenemos hoy día.** Además, al igual que muchos otros aspectos de la economía actual, los seguros necesitan migrar hacia los teléfonos celulares que gobiernan gran parte de nuestras vidas. ¿Cuáles serían los ingredientes clave para un servicio de reclamación en línea? Slice continúa trabajando en ello, pero existen algunos consejos.

En primer lugar, se debe utilizar una inteligencia artificial muy buena (basada en reclamaciones anteriores y otros aspectos sobre la vida de los demandantes que pueden encontrarse en línea) con el objetivo de identificar la pequeña porción de reclamaciones que son enteramente fraudulentas. Después, cuando un cliente incurre en la pérdida de un bien asegurado, solo necesitará abrir la aplicación en su celular y llenar un formato.

Primero deberá comprometerse a decir la verdad antes de completar la forma, lo que lo inducirá a un estado mental de honestidad. Además, se le pedirá también que grabe un video muy corto con la cámara de su teléfono en el que explique su reclamación de la manera más simple posible.

¿Por qué? Porque es mucho menos probable que la gente mienta en un video que al teclear. Posteriormente, se le harán preguntas específicas y verificables al cliente sobre los daños, tales como: ¿cuánto pagaste por el objeto perdido?, ¿cuánto cuesta remplazarlo en Amazon? En lugar de las típicas, como: ¿cuánto vale? Esto porque obviamente las preguntas más abiertas permiten a la gente dar respuestas más ambiguas y, por lo general, engañosas.

Enseguida, se les preguntará quién más sabe sobre el siniestro (algún tercero presente en el momento de la pérdida). **La gente tiende a evitar el engaño cuando saben que otros podrían enterarse de su deshonestidad.**

Si la inteligencia artificial evalúa el reclamo como confiable, entonces una reclamación de carácter típico quedaría cubierta en apenas unos momentos gracias al sistema de pago automatizado. Al pagar las demandas de forma honesta y eficiente, la compañía de seguros gana la reputación de ser confiable y, gracias a la psicología de la reciprocidad, los clientes responden también con honestidad. El objetivo es crear un producto de seguros en esencia más competitivos, que resulte mejor para clientes honestos y para los aseguradores. Esto sería una verdadera creación de beneficio.

Todos podemos hacer algo y generar beneficio al combatir la corrupción. Un paso obvio es evadir la tentación de actuar de forma deshonesta, aun cuando todo mundo lo hace. Y, aunque, seguramente eres una persona muy honesta, de lo contrario no habrías llegado hasta esta parte del libro, quizá ahora tengas mayores oportunidades de detectar cuando otros están siendo corruptos.

Además, en el futuro, cuando veas algo que parece fuera de lugar o demasiado bueno para ser verdad, recuerda que tienes la obligación de alzar la voz y de hacer del mundo un lugar mejor.

CAPÍTULO 5

Activar la obligación moral de darte cuenta

DURANTE LOS ÚLTIMOS TRES CAPÍTULOS NOS ENFOCAMOS EN EL POTENCIAL QUE TIENES DE CREAR MÁS BENEFICIO AL INVOLUCRAR DE FORMA MÁS ACTIVA TU INTELIGENCIA. ESTO MEDIANTE ACUERDOS QUE TE PERMITAN CREAR BENEFICIOS O CONVENCIENDO A OTROS DE ACTUAR CON HONESTIDAD.

PARA TOMAR ESTAS OPORTUNIDADES, CON FRECUENCIA TENDRÁS QUE DARTE CUENTA DE LAS POSIBILIDADES QUE TIENES DE CREAR VALOR. ESTE CAPÍTULO DESTACA EL RETO DE GENERAR OPORTUNIDADES PARA CREAR BENEFICIO. LA SUPERVISIÓN Y LA HABILIDAD SON FUNDAMENTALES PARA ADVERTIR QUE SE REQUIERE ACTUAR.

Para comenzar, quiero discutir contigo una elección sobre inversiones que me gusta plantear a mis estudiantes de la maestría en Negocios, ejecutivos, banqueros y demás grupos selectos.

Imagina que asesoras las inversiones de un cliente con una perspectiva a largo plazo y poca tolerancia al riesgo y que estás considerando sugerirle uno de estos cuatro fondos: el Fondo de Inversión para el Comercio de Tabaco, el fondo de inversión Alpha, el fondo de inversión Fortitude o el de Power Trade. La gráfica a continuación representa el retorno de cada uno durante los próximos nueve años y el rendimiento promedio de S&P500.

¿Cuál fondo recomendarías?

RENDIMIENTO ACUMULATIVO
El rendimiento acumulativo de los cuatro fondos en nueve años

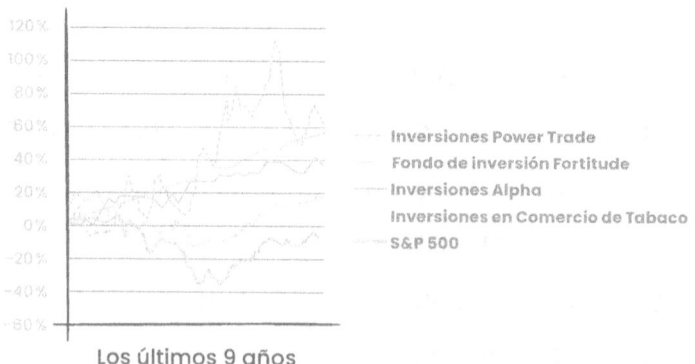

Los últimos 9 años

La mayoría de las personas muestra poco interés en el fondo que tiene menor rendimiento, que también implica invertir en un sector poco deseable. Respecto a los otros tres, podemos decir que casi todos, incluso aquellos con experiencia en inversiones, optan por Fortitude. Posteriormente, al preguntarles si ven algo extraño en las gráficas, muchos señalan con rapidez que el rendimiento de Fortitude es imposible.

Una educación básica en finanzas te enseña que no es posible superar el mercado en un periodo de nueve años sin enfrentar ninguna volatilidad. Sin embargo, cuando las personas están interesadas en elegir dónde invertir se concentran únicamente en el rendimiento y la baja volatilidad.

Preguntarles a los participantes en qué fondo recomiendan invertir puede desembocar en lo que mi colega Ann Tenbrunsel, líder en el campo de la ética financiera, denomina como desvanecimiento ético, el cual consiste en la tendencia de que ciertos elementos éticos involucrados en la toma de decisiones se diluyan y no reciban nuestra atención cuando estamos ocupados con otro asunto.

Por cierto, si elegiste Fortitude, tu elección terminó en bancarrota, ya que invertiste en un fondo alimentador que realizaba todas sus inversiones en el esquema piramidal de Bernie Madoff. Además, lo elegiste a pesar de que mencioné brevemente su escándalo al inicio de este libro.

Vale la pena decir que la mayor parte de las inversiones que terminaron con Madoff se hicieron a través de fondos alimentadores. Estos fondos vendían inversiones a sus clientes minoristas y luego reinvertían esos fondos en el sistema piramidal. Por su parte, Madoff no invertía el dinero que le confiaban, solamente utilizaba un poco para gastos administrativos y devolver el dinero a los escasos inversionistas que se retiraron antes del colapso. Aquellos que invirtieron aquí perdieron cerca de 65 mil millones de dólares.

Muchos quizá no tengan la formación necesaria para saber que el rendimiento de Madoff era imposible. Sin embargo, varias personas con amplia formación en la materia, y lo suficientemente inteligentes como para saber que superar el mercado de manera dramática en nueve años sin volatilidad es irrealizable, recomendaron de todas formas este fondo. Estos profesionales tenían el conocimiento necesario para tomar una decisión sólida, pero solo no conectaron ese conocimiento con la información disponible, incluso ahora que ya ha colapsado públicamente esta empresa. Dudo bastante que estos profesionales en el ámbito de las inversiones reconozcan su incapacidad de advertir lo inusual como un asunto ético. Sin embargo, no darse cuenta permite que se efectúe un gran daño y se destruyan beneficios.

Reconocer las amenazas que podrían destruir beneficios para ti y el resto del mundo es una habilidad importante. Considero que, si un individuo tiene el conocimiento y la inteligencia necesarios para notar las conductas carentes de ética y el poder de actuar ante ellas, tiene la obligación de hacerlo.

Madoff nunca pudo haber perpetrado ese fraude sin las contribuciones de expertos en finanzas que debieron haberlo conocido mejor. Como veremos, no lograr darse cuenta de probables amenazas es común y generalmente trae como consecuencia la destrucción de beneficio.

Además, no darnos cuenta nos afecta a todos, incluidas personas admirables. Por fortuna, existen acciones que todos podemos llevar a cabo para hacer un mejor trabajo al advertir estas situaciones.

Tomar posiciones de responsabilidad hace que sea tu obligación darte cuenta

Los siguientes hombres famosos tienen credenciales impresionantes y son conocidos por su inteligencia. Henrry Kissinger fue secretario de Estado de Estados Unidos y consejero de seguridad nacional durante la administración de Richard Nixon y Gerald Ford.

George Shultz desempeñó un papel central en dar forma a la política exterior de Ronald Reagan.

El general James *Perro Loco* Mattis sirvió a los cuerpos de la Marina de Estados Unidos y fue el vigésimo sexto secretario de Defensa de enero de 2017 a diciembre de 2018.

William James Perry es un matemático, ingeniero y hombre de negocios estadounidense que desempeñó el cargo de secretario de Defensa bajo el mandato del presidente Bill Clinton.

Sam Nunn fungió durante 24 años como senador democrático de Georgia (dese 1973 a 1997). Gracias a su experiencia política y credenciales en defensa nacional fue considerado como posible compañero de campaña de los presidentes John Kerry (2004) y Barack Obama (2008).

¿Qué tienen en común estos sujetos, además de sus impresionantes credenciales políticas y su agudo intelecto? Todos ellos trabajaron en la junta directiva de Theranos, una de las compañías médicas más conocidas del siglo XXI, aunque ninguno de ellos tenía conocimientos en este campo. Además, todos ellos fueron bastante negligentes al momento de advertir fraudes que se desarrollaron ante sus ojos y que les costaron a los inversionistas de Theranos cientos de millones de dólares, generaron miles de diagnósticos erróneos de decenas de miles de pacientes e impulsaron el error en el cuidado de la salud mundial de forma escandalosa.

En 2004, a la edad de 19 años, Elizabeth Holmes abandonó Standford para fundar Theranos, una compañía que buscaba revolucionar el proceso de los análisis de sangre. Holmes presumía ofrecer una tecnología innovadora que tenía el potencial de realizar diversas pruebas sanguíneas con una centésima parte de la sangre que normalmente se requiere. Holmes aseguraba de forma repetida y falsa que Theranos podría realizar las pruebas con un laboratorio pequeño y portable llamado Edison, que además reduciría el nivel de error humano y los costos.

Reunió más de 700 millones en fondos de inversionistas y el valor de mercado de la empresa rebasaba los nueve mil millones de dólares entre 2013 y 2014. Sin embargo, en octubre de 2015, el reportero de *The Wall Street Journal*, John Carreyrou, con información de fuentes internas, escribió un artículo cuestionando la validez de la tecnología que ofrecía la compañía.

Posteriormente, comenzaron a llover demandas legales y comerciales por parte de autoridades médicas, inversionistas, la Comisión de Bolsa y Valores de Estados Unidos, los centros de servicios médicos Medicare y Medicaid (que se encargan de supervisar la actividad de los laboratorios), fiscales generales del estado, antiguos socios comerciales, pacientes y otros. De manera conjunta, desenterraron este fraude masivo que fue documentado en el libro de Carreyrou titulado *Mala sangre*. En junio de 2016, el valor personal neto de Holmes pasó de 4.5 miles de millones de dólares a prácticamente nada.

El 15 de junio de 2018, el abogado estadounidense del Distrito Norte de California anunció las acusaciones contra Holmes y Ramesh Balwani por fraude electrónico y conspiración. Después de que todos los esfuerzos por encontrarle un comprador a Theranos fracasaron, lo que quedaba de la compañía se disolvió el 4 de septiembre de 2018.

Siempre habrá criminales entre nosotros y los científicos sociales ofrecen muy poco conocimiento nuevo sobre cómo detener sus conductas.

Sin embargo, no queremos enfocarnos en estos delincuentes, sino en **las muchas personas, incluidos los miembros de la junta de Theranos, socios, inversionistas y reguladores que fueron incapaces de advertir la gran cantidad de señales que indicaban el fraude** de la compañía hasta que Carreyrou lo señaló.

La junta directiva de Theranos estaba conformada por un grupo de personas con perfiles impresionantes, pero no adecuados para el ramo. Holmes misma tenía muy poca experiencia en medicina o negocios, pero la junta poseía aún menos.

La confidencialidad era extrema en Theranos, cosa que en parte resultaba normal al tratarse de una firma de alta tecnología con una innovación bastante interesante, era entendible que los empleados tuvieran que firmar acuerdos de confidencialidad, pero otros elementos de todo el secretismo no eran normales.

La gran mayoría de empresas de biotecnología se sienten orgullosas de estar ligadas a la comunidad científica, pero la compañía evitó solicitar revisiones por pares, experiencia externa u observaciones de terceras partes.

Los distintos departamentos que conformaban la compañía tenían prohibido coordinarse unos con otros, aun y cuando dicha coordinación era solamente lógica. Se les informaba a los inversionistas que no se les darían actualizaciones regulares sobre los desarrollos de Theranos.

Tanto los miembros de la junta directiva como muchos otros involucrados debieron haber notado el fraude de Theranos mucho antes de que el artículo de Carreyrou apareciera en *The Wall Street Journal*. **Con mucha frecuencia, cuando la mayoría de nosotros vemos algunos indicios que no nos podemos explicar por completo, no hacemos preguntas que evidencian nuestra ignorancia. En su lugar, nos enfocamos en problemas donde tenemos mucha más experiencia. En cambio, cuando tenemos la responsabilidad de supervisar algo, estos indicios deberían impulsarnos a exigir más claridad en la rendición de cuentas.**

RECUERDA:

El desvanecimiento ético consiste en la tendencia de que ciertos elementos éticos involucrados en la toma de decisiones se diluyan y no reciban nuestra atención cuando estamos ocupados con otro asunto.

No darse cuenta no es una buena excusa

En 1937, el gobierno alemán, liderado por Adolfo Hitler y el Partido Nacional Socialista, creó una nueva compañía de automóviles a manos del Estado llamada Volkswagenwerk o "la compañía de autos del pueblo".

Con la intención de desarrollar un vehículo económico, pero rápido, Hitler contrató al ingeniero automovilístico Ferdinand Porsche para que lo diseñara. El nuevo modelo fue presentado en el Berlín Motor Show de 1939, pero poco después de que comenzara la Segunda Guerra Mundial, Volkswagen (VW) paró su producción.

Después de que terminó la guerra y la fábrica estaba en ruinas, los aliados (dirigidos por los británicos, quienes estaban a cargo de esa parte de Alemania) se enfocaron en resucitar la industria de autos. Las ventas del VW en Estados Unidos fueron más lentas que en otras partes del mundo en un inicio, debido a la conexión del carro con los Nazis, así como por su pequeña e inusual forma redondeada.

Más tarde, en 1959, una agencia de publicidad estadounidense lanzó una campaña que se convirtió en punto de referencia en la que se denominaba al auto Beetle y se resaltaban su velocidad y pequeño tamaño como una gran ventaja para los consumidores.

De forma más reciente, VW estuvo bajo el dominio de la autoritaria influencia de Ferdinand Piëch, nieto de Ferdinand Porsche. Él mandó por encima de la junta directiva de la empresa y tras convertirse en CEO en 1993, fijó la meta de hacer de VW la fábrica de automóviles más grande del mundo. Bajo su dirección, muchas acciones ilegales y poco éticas ocurrieron en VW y dos de ellas se volvieron bastante famosas.

Una involucró la contratación, en 1993, del experto en adquisiciones José Ignacio López de Arriortúa, de General Motors. Si bien, la caza furtiva de altos ejecutivos provenientes de otras firmas es algo legal y común, General Motors, junto con varias agencias que se ocupan de la aplicación de la ley, acusaron a Piëch y VW de espionaje industrial.

El segundo escándalo evidente fue en 2005 e involucró el gasto de más de 5 millones de dólares que hizo la gerencia de VW en servicios de prostitución para ellos y los líderes laborales, con la intención de mantener a estos últimos contentos con los planes gerenciales. Nunca se probó que Piëch estuviese al centro de estos escándalos, sin embargo, tampoco los vio como problemas éticos por los que debía preocuparse.

En 2007, Martin Winterkorn tomó la posición de CEO. Durante esta administración se mantuvo el objetivo de convertirse en la industria automotriz más grande del mundo y se restableció el estilo autoritario de Piëch, junto con su enfoque de obtener resultados a cualquier costo, sin importar que se tratara de un costo ético.

El nuevo CEO veía el mercado estadounidense lleno del más alto potencial para crecer, por lo que la compañía se enfocó en crear un motor diésel sin emisiones, cuyas emisiones aprobaran las cada vez más estrictas regulaciones contra la contaminación de Estados Unidos. Para esto, los ingenieros de VW y Audi, subsidiara de VW, fueron puestos bajo mucha presión para desarrollar una solución que bien rebasaba sus habilidades, o bien, resultaba físicamente imposible. **Las personas se vuelven más propensas a incurrir en actividades ilícitas cuando tienen que cumplir con una tarea legalmente imposible.** Como consecuencia, VW produjo y comerció una serie de autos diésel sin emisiones que se volvieron muy populares entre los consumidores con conciencia ambiental en Estados Unidos y todo el mundo. Pero que eran un engaño.

En septiembre de 2015, la Agencia de Cuidado Ambiental de Estados Unidos (ACA, por sus siglas en inglés) emitió una notificación contra VW por violar la Ley de Aire Limpio. EPA acusó a VW de programar premeditadamente sus motores de diésel para activar su control de emisiones solo durante las pruebas de emisiones de laboratorio y no durante su uso regular.

El 3 de mayo de 2018, el CEO de la VW en aquel entonces, Winterkorn, fue acusado en Estados Unidos por fraude y conspiración. La acusación, que permanece abierta, afirma que el anterior director no solo conocía lo que tramaban sus ingenieros, sino que además autorizó que esto se continuara encubriendo.

El antiguo mentor de Winterkorn, Ferdinand Piëch, declaró ante los fiscales alemanes haber discutido sobre la manipulación del software de Volkswagen con su antiguo protegido. Por su parte, Piëch y otros ejecutivos de alta dirección continuaron negando haber tenido conocimiento sobre este fraude con grandes implicaciones legales en Alemania, Estados Unidos y otros lugares.

Más allá de Theranos y VW

Somos responsables de la destrucción de beneficios cuando no nos damos cuenta de que otros realizan actos ilegales y sin ética. Pues creamos ambientes donde permitimos que tales conductas persistan. Existe gente mala en el mundo a quien no le importa si lastima a otros. Quien con frecuencia continúa sin revisar sus conductas porque nadie lo señala pese a la fragante evidencia.

Muchas veces, fracasamos en detectar este tipo de acciones porque estamos enfocados únicamente en lo que es mejor para nuestra organización: Holmes para Theranos, VW para Winterkorn, entre otros. Como vimos en el capítulo 2 al comentar la historia de Peter Singer y el niño que se está ahogando en un estanque, tendemos a no darnos cuenta de los problemas de las personas que no pertenecen a nuestra tribu.

Si bien, estaríamos dispuestos a saltar de inmediato al lodo para salvar al niño, no llevamos a cabo acciones que ayudarían a muchas personas que no pertenecen a nuestro grupo en el día a día. Por ejemplo, al donar dinero para combatir la malaria en tierras lejanas. Estas no son escusas para no darse cuenta, sino una descripción de los patrones defectuosos y demasiado comunes de la cognición humana que debemos superar.

En su novela *La verdadera*, el famoso escritor de ficción Saul Bellow creó un personaje llamado Harry Tellman, al que describe como un "observador de primera". Inspirado en esta descripción, el escritor sobre liderazgo Warren Bennus sostiene que el atributo más importante de un líder es ser un observador de primera.

Los observadores de primera ven oportunidades que otros no advierten, suelen ser menos propensos a ofuscarse por sus deseos de que la información sea de cierta forma y están más abiertos a ver lo que los datos sugieren en realidad. Sin embargo, su rasgo más importante quizá es que sospechan de las cosas que no tienen sentido y de la información que es demasiado buena como para ser verdad.

Quiero invitarte a que te conviertas en un observador de primera, de la misma forma en que lo intento yo también. **Ser un observador de primera demanda prestar atención a los indicios que muchos otros pasan por alto.** Significa no limitar tu análisis a los datos que la gente te da y en vez de ello pedir la información que responda al problema que enfrentas. Es decir, no aceptes soluciones que parecen muy buenas para ser verdad (como los rendimientos de Madoff, los motores de diésel sin emisiones de VW o las afirmaciones de Theranos sobre su tecnología). Esto significa también buscar más información cuando algo se ve sospechoso o es poco claro y no esperar a que alguien más lo haga.

PARTE II

Puntos de apoyo

CAPÍTULO 6

Reducir el tribalismo y aumentar la equidad

NOS AGRADA LA GENTE QUE PERTENECE A NUESTRA TRIBU. APRECIAMOS A LAS PERSONAS DE NUESTRA FAMILIA, VECINDARIO, ESCUELA, ETNIA, CIUDAD O PAÍS. ESTAS PREFERENCIAS SE MANIFIESTAN INTENCIONADAMENTE, INCLUSO CUANDO NO ELEGIMOS DE FORMA CONSCIENTE QUIÉN NOS SIMPATIZA, A QUIÉN CONTRATAR O CON QUIÉN PASAR EL RATO. A ESTO SE LE LLAMA TRIBALISMO.

CUANDO SALIERON LOS PRIMEROS ESTUDIOS SOBRE LA DISCRIMINACIÓN HACIA LOS AFROAMERICANOS EN EL MERCADO HIPOTECARIO ESTADOUNIDENSE, EL PSICÓLOGO DAVID MESSICK ESCRIBIÓ UN ARTÍCULO MUY INTELIGENTE donde explicaba que el principal problema no era que los agentes de crédito blancos fueran abiertamente hostiles con los afroamericanos, sino que tenían un sesgo positivo hacia aquellos más parecidos a ellos.

Claramente, el sexismo y el racismo continúan manifestándose en nuestra sociedad. La hostilidad hacia los otros es real y los afroamericanos han sufrido en carne propia el daño de la discriminación intencionada más que ningún otro grupo. Sin embargo, la observación de Messick es consistente con una gran cantidad de investigaciones que demuestran que hoy, la preferencia por ciertos grupos es más dominante que el racismo abierto y pernicioso. Pienso que los lectores de este libro tienden más a sentir favoritismo que antagonismo. **El hecho de no ser hostiles con otros no quiere decir que no participemos de conductas tribales que dañan de forma indirecta.**

Una de las paradojas más intrigantes sobre el comportamiento tribal es que cuando las mayorías más poderosas favorecen su propio grupo (y, por definición, discriminan a los miembros que no pertenecen a este), solo se enfocan en el bien que crean para su comunidad y no ponen atención en el daño que infligen a los que están fuera.

Cuando aquellos que están en el poder le ofrecen oportunidades a las personas que se parecen a ellos (por su religión, escuela, nación), hay menos para los que son distintos, incluidos los grupos minoritarios como mujeres e indefensos. Cuando elegimos a los beneficiarios de nuestros actos caritativos por similitud o cercanía, limitamos nuestra capacidad de hacer el mayor bien posible.

Y cuando otorgamos un número restringido de lugares y plazas para las minorías en universidades, corporativos u otros grupos exclusivos de gente parecida, hay menos lugar para la diversidad.

En su libro *Tribus morales*, publicado en 2013, Joshua Green, un psicólogo experimental, describe cómo estas conductas se convierten en un obstáculo para realizar el mayor bien posible. De acuerdo con el autor, existe una lógica evolutiva de por qué el comportamiento tribal es tan intuitivo. **En las sociedades cazadoras y recolectoras, depender de tu grupo local o tribu fue quizá fundamental para sobrevivir.**

Sin embargo, la lógica evolucionista no justifica los actos de este tipo en la era actual. En particular cuando implican comportamientos sexistas o racistas.

En los cuatro capítulos anteriores, exploramos una estrategia que podemos utilizar para ser mejores y alcanzar resultados óptimos y más éticos para todos: cultivar la inteligencia activa, hacer acuerdos sensatos, frenar la corrupción y activar la obligación moral de darte cuenta.

En la siguiente sección, las aplicaremos con el fin de identificar acciones concretas que podemos llevar a cabo desde cuatro dominios diferentes y, de esa forma, crear beneficios colectivos. La primera consiste en enfrentar nuestro tribalismo y hacer lo necesario para generar más equidad.

Acciones afirmativas para los ricos

Pertenezco a una organización que muestra cierto favoritismo hacia sus miembros. Hablo de la Universidad de Harvard, cuya preferencia por aquellos directamente vinculados a ella salió a relucir en una demanda. En 2018, Harvard se vio obligada a defender sus políticas de admisión ante una corte federal. Los demandantes la acusaban de discriminar a los asiático-americanos al someterlos a estándares de admisión más altos y limitar la cuota de entrada de aspirantes con esta ascendencia.

La demanda presentada en 2014 es un capítulo reciente en una discusión, que lleva décadas, sobre si existen o no cuotas para estos estudiantes. En lo personal no creo que exista un número límite de manera formal, pero esa creencia no es central en esta historia. Se trataba de un caso único porque la escuela estaba siendo acusada de discriminar a un grupo minoritario en favor de los blancos y otros grupos minoritarios.

De acuerdo con los demandantes, una de las estrategias que Harvard emplea para discriminar a los aspirantes de ascendencia asiática es incluir una calificación subjetiva como parte del proceso. Los abogados de la parte demandante explicaron que la universidad emplea valoraciones personales para evaluar la adaptabilidad, que refiere al grado en el que los aspirantes se parecen a la tribu ya existente (gente blanca y rica cuyas familias han estudiado en esta institución por generaciones).

Los acusadores vincularon esta situación con la bien documentada historia de Harvard y su política de marginar a los judíos en los años 20. En 1922, el presidente de la universidad, Abbott Lawrence Lowell, lanzó la petición de limitar a 15% la cantidad de estudiantes judíos admitidos, pero el comité de admisiones rechazó tal propuesta. Existe evidencia de que a Lowell le desagradaba este grupo y llegó a expresar que los egresados protestantes no querrían ver a sus hijos rodeados de judíos.

Cuatro años más tarde, mientras aún era presidente, se añadió el criterio de "carácter y adaptabilidad" al proceso de selección de aspirantes. **Hoy en día existe un debate sobre si la imagen de Lowell debería o no permanecer presente en el campus debido a su antisemitismo y abierto racismo.**

El testigo experto de la parte demandante de este caso, el Dr. Peter Arcidiacono, de la Universidad de Duke, argumenta que las calificaciones personales que reciben los estudiantes asiático-americanos disminuyen sus posibilidades de entrar a Harvard.

Por su parte, el testigo experto de Harvard, el profesor de Berkeley David Card, sostiene que cuando esas valoraciones se observan junto a otros criterios relacionados con un estatus especial (como el legado o las admisiones de donantes), no existe muestra alguna de discriminación contra los asiáticos si se realiza un análisis estadístico.

El caso fue particularmente complicado porque los demandantes eran encabezados por Edward Blum, un activista blanco en contra de las acciones afirmativas, que se oponía de forma abierta a que ciertos grupos minoritarios recibieran un trato especial. Muchos críticos de Blum sostienen que se valió de los estudiantes asiáticos rechazados y los utilizó como carne de cañón en su guerra contra las acciones positivas en apoyo a afroamericanos y latinos.

Todas las universidades pertenecientes a la Ivy League apoyaron a Harvard y también sostuvieron que perder el juicio sería un fuerte golpe a los esfuerzos de inclusión en la educación superior y más allá. El primero de octubre de 2019, Blum y su grupo perdieron la demanda cuando un juez federal rechazo la afirmación de que Harvard había discriminado intencionalmente a estudiantes de origen asiático. La juez, Allison D. Burroughs, defendió las medidas positivas de Harvard y declaró que la institución había alcanzado los estándares constitucionales del factor raza en sus decisiones de admisión.

Aunque las acciones afirmativas están fuertemente enraizadas en las discusiones sobre la justicia, los utilitaristas también tienen su propia lógica en relación con este tema.

Para los utilitaristas, el daño que inflige la discriminación en aquellos a los que deja fuera es mucho mayor que el beneficio que otorga a otros. Además, sostienen que la discriminación a partir de factores heredados es una manera ineficiente de distribuir recursos, pues estos difícilmente terminan en manos de quien más se beneficiaría de ellos.

Como explica Mahzarin Banaji, a quién ya conociste en el capítulo 2, si sabes que la rueda del timón que marca tu curso se inclina en una dirección en particular, lo mejor que se puede hacer es dar un giro de timón en la dirección contraria.

Ante la demanda, Harvard se vio obligada a revelar muchos detalles discriminatorios, elitistas y muy alejados de lo óptimo o más ético, presentes en su política de admisión. Los demandantes desenmascararon el enorme favoritismo que existe por los hijos de exalumnos y personas dispuestas a hacer donaciones, la mayoría de ellos caucásicos por razones históricas. La cantidad de beneficio que obtienen por estar ya afiliados a la tribu de Harvard es enorme.

Es posible dirigir una buena universidad con base en el mérito. Cinco de las discutiblemente mejores universidades del mundo rechazan de manera explícita la idea de dar preferencia al legado en las admisiones: el Instituto Tecnológico de Massachussets (MIT), Caltech, Oxford, Cambridge y la Universidad de California, Berkeley. No obstante, las preferencias por este criterio continúan siendo fuertes en muchas y diversas universidades, incluida la Universidad de Virginia.

Los ricos no solo se benefician de un tribalismo institucionalizado, sino también de su capacidad de valerse de conexiones y su estatus para influir en los procesos de admisión.

Pienso que la mayoría del personal administrativo tiene buenas intenciones. Sin embargo, me perturba bastante que estas políticas elitistas y racistas continúen teniendo un uso tan extendido. Esto destapa la pregunta obvia de por qué tardó tanto en surgir una protesta ante las políticas de admisión faltas de ética de las universidades más importantes. Parte de las respuestas es que el daño que producen estás tácticas son ambiguas y difíciles de notar.

Cuando las altas elites están sobrerrepresentadas por un solo grupo étnico, el elitismo se convierte en racismo.

En una o dos décadas miraremos hacia atrás y nos sorprenderá que las universidades más importantes de

Estados Unidos continuaban teniendo criterios racistas y elitistas en pleno siglo XXI.

RECUERDA:

Nos agrada la gente que pertenece a nuestra tribu: las personas de nuestra familia, vecindario, escuela, etnia, ciudad o país. Estas preferencias se manifiestan intencionadamente, incluso cuando no elegimos de forma consciente quién nos simpatiza, a quién contratar o con quién pasar el rato. A esto se le llama tribalismo.

¿De dónde surge nuestro tribalismo?

Comencé este libro compartiendo ideas que quizá resultan muy inocentes para algunos, incluida la noción de equidad para todos. Sin embargo, tengo que decir que era una trampa, muy pocos de nosotros somos capaces de seleccionar amigos, contratar gente, promover empleados e interactuar con extraños sin vernos afectados por sus rasgos demográficos y, una vez que esto sucede, la equidad ya no es posible. Este fenómeno es bien entendido por la psicología social, pero también en sociobiología y psicología evolucionista.

El campo de estudio de la sociobiología apareció en el libro más importante de E. O. Wilson sobre el tema en 1975. Su objetivo era explicar y examinar el comportamiento social a partir de principios evolutivos. Entre las disciplinas con las que se encuentra estrechamente relacionada está la psicología evolutiva, que intenta identificar qué aspectos del comportamiento son principalmente evoluciones adaptativas. Es decir, rasgos funcionales de la selección natural.

Los psicólogos evolutivos definen "lo óptimo" de manera muy distinta a como lo hacen los economistas o los investigadores conductuales de tomas de decisiones. Como el destacado psicólogo israelo-estadounidense, Daniel Kahneman. Los académicos evolucionistas difieren del trabajo descrito en el capítulo 2 sobre los sesgos que afectan nuestras elecciones. Su principal argumento es que dichos patrones de cognición y comportamiento no responden a una lógica económica sino biológica, por lo que su objetivo es la supervivencia de la especie.

Por lo tanto, la finalidad de estas conductas no es racional sino reproductiva. Esto quiere decir que nuestras respuestas conductuales, resultado de la evolución, quizá influyan en que nos alejemos de los comportamientos propuestos por la racionalidad económica.

Por ejemplo, las investigaciones sobre toma de decisiones basadas en el autocontrol sostienen que, aunque las personas deberían maximizar su utilidad acumulada a lo largo del tiempo, tienden a errar al darle mucho peso a sus deseos presentes y sus preocupaciones relacionadas con necesidades futuras. Esta falta de autocontrol puede llevar a todo tipo de decisiones cortas de miras que vayan desde comer demasiado hasta no ahorrar para el retiro.

Los psicólogos evolucionistas explican que tales conductas tienen sentido para nuestros ancestros, quienes podían morir de inanición si no aceptaban la recompensa a corto plazo de consumir comida en busca de una recompensa mayor.

Los economistas argumentarán que sí valoran la supervivencia y reproducción de la especie, pero que, para ellos, forman parte de más objetivos asociados con la máxima utilidad. Entre los que se incluyen el logro de metas profesionales y hacer del mundo un lugar mejor. De forma más general, solo porque estos comportamientos eran biológicamente adecuados muchas generaciones atrás, en las sociedades cazadoras-recolectoras, no es razón suficiente para aceptar los sesgos deficientes en nuestro comportamiento actual de todos los días, cuando tenemos la opción de echar a andar nuestros procesos del sistema 2 para maximizar nuestra creación de beneficio para nosotros y los demás.

De hecho, **muchos comportamientos que se explican de forma biológica y que han garantizado nuestra supervivencia ahora amenazan con sabotearnos**, como la extracción de energía que agrava el cambio climático o la pesca masiva que genera conflictos internacionales y el agotamiento de nuestros recursos oceánicos.

He cubierto tres perspectivas sobre la toma de decisiones óptimas en este libro: la racionalidad económica, el utilitarismo y la aptitud reproductiva.

La evolución quizá haya fomentado la toma de decisiones a partir del sistema 1 que nos aleja de los resultados económicamente racionales del mundo moderno. Cambiar nuestra meta de maximizar la utilidad individual (racionalidad económica) por la meta del utilitarismo (maximizar el beneficio con imparcialidad para todos los seres sintientes) nos enfrenta de nuevo con el conflicto entre lo que la evolución nos impulsa a hacer y lo que produce un bien mayor.

En *Sociobiología*, del científico Edward O. Wilson, y en *El círculo expansivo*, del filósofo Peter Singer, se destaca la tendencia biológica de cooperar con tu tribu, incluso cuando hacerlo va en contra de tu interés personal más reduccionista. Esto quiere decir que **aquellos que cooperan con su tribu, ya sea su familia o jefe, algunas veces hacen sacrificios personales en beneficio del grupo y, en conjunto, todos los miembros se benefician más de estas acciones.** Además, las personas que pertenecen a tribus cooperativas tienen más probabilidades de sobrevivir.

Por lo tanto, cooperar con tu tribu es un comportamiento biológico y quizá pueda explicar más por qué hoy en día y nos importa principalmente nuestra familia y otros miembros de un grupo relativamente bien definido. Y mucho menos el conjunto de la especie humana. Retomemos nuestra discusión del capítulo 3, podemos pensar esto como pensamos la cooperación en el juego del prisionero de múltiples rondas. Los mismos principios de evolución pueden explicar por qué no hacemos sacrificios similares por los miembros ajenos a nuestro grupo: porque no hay ninguna ventaja biológica al hacerlo.

De cualquier forma, no estamos limitados por las reglas de cajón que hemos desarrollado a lo largo de generaciones: tenemos el poder de accionar nuestro sistema 2 de pensamiento. Para muchos de nosotros, este sistema nos ayuda a redireccionar e ir en busca de la equidad para todos, a valorar el dolor de todas las personas por igual y a busca la imparcialidad y la justicia. Esto quiere decir que **hacer un gran bien por aquellos alejados de nuestro grupo es más ético que hacer un bien menor por las personas de nuestra tribu.** Esta estrella guía del utilitarismo se erige muchas veces en la dirección opuesta a nuestros impulsos del sistema 1.

Tribalismo implícito

El descubrimiento más importante sobre el tribalismo es que, muy probablemente, sucede sin que exista ningún intento o preferencia por colocar un grupo por encima de otro. Las investigaciones actuales sobre prejuicios comunes dirigidas por Mahzarin Banaji y Anthony Greenwald, un psicólogo estadounidense, sostienen que las personas en el poder encargadas de distribuir los recursos favorecen muchas veces de manera implícita a su tribu sin ser conscientes de su favoritismo.

La psicología implícita demuestra que tenemos actitudes al enfrentarnos a hombres versus mujeres, blancos versus negros y, con frecuencia, "nuestro grupo" versus "su grupo". Los autores utilizan la palabra "ordinario" para aclarar que el proceso de pensamiento regular que utilizamos para categorizar, percibir y juzgar la información puede hacer que nos inclinemos de manera sistemática por los grupos a los que pertenecemos.

Banaji y Greenwald, junto con Brian Nosek, han desarrollado una serie de pruebas que confrontan a las personas con su tribalismo, que ya han sido tomadas por miles de personas (para realizar la prueba en inglés visita www.implicit.harvard.edu).

Como resultado de nuestro tribalismo implícito, muchos de nosotros no tratamos con respeto ni con la dignidad suficiente a las personas que no pertenecen a nuestra tribu. En su libro *The Person You Mean to Be: How Good People Fight Bias*, mi amiga y colega Dolly Chugh utiliza la literatura de la psicología implícita para describir cómo las personas bien intencionadas que creen en la diversidad y la inclusión (a quien Dolly llama "creyentes") aún dejan pasar muchas oportunidades de tratar a las personas con el nivel de equidad que les gustaría hacerlo. Como resultado, las buenas personas no logran crear todo el beneficio que pueden.

Chugh nos motiva a ir más allá y ser "constructores" que buscan de manera activa tratar a todos con dignidad y respeto. Nos obliga a asumir la responsabilidad de nuestros errores y descuidos con el fin de que podamos superar nuestras limitaciones y avanzar hacia la equidad.

Para mí, la historia más fascinante en el inspirador libro de Chugh se relaciona con el simple acto de aprender el nombre de alguien. Al conocer a nuevas personas, la mayoría somos muy buenos para reconocer y absorber los nombres de nuestra propia tribu. No obstante, en la diversidad del mundo, a veces nos relacionamos con personas de otros grupos y, por parecernos lejanos, no podemos recordar sus nombres. Recordarlos y pronunciarlos bien es un acto de respeto, pues forman parte de su identidad.

Estoy intentando manejar el reto de los nombres con mejores resultados y el costo es pequeño. En mi caso, lo que menciona Dolly sobre los nombres saca a relucir uno de los muchos microcomportamientos potencialmente dañinos de los que participamos, pero **un poco más de conciencia nos llevaría a conductas que creen más beneficio**. Considero que, si mantengo en mente el consejo de la autora, será más sencillo actuar con menos tribalismo y más equidad.

Hacia la equidad: lo opuesto al tribalismo

Es muy fácil tener políticos liberales y progresistas a favor de la equidad y que la promuevan, incluso para todos. A pesar de ello, salvo por los abiertamente nacionalistas, es difícil que los políticos se expresen en contra de que la gente apoye a los individuos de su grupo, sin importar que tales acciones generen inequidad.

Pocas veces nos detenemos a considerar si las acciones que realizamos al cumplir nuestros compromisos morales con nuestra iglesia, comunidad y familia también propician la inequidad. Harvard y otras universidades, además de favorecer a los hijos de los exalumnos y donadores en sus políticas de admisión, también apoyan a los hijos de los catedráticos. Tengo muchos amigos liberales también profesores de Harvard que, aunque creen fervientemente en la equidad para todos, nunca cuestionarían la decisión de Harvard de darles a sus hijos una ventaja en el proceso de selección.

Si bien la mayoría de nosotros aceptamos la equidad como algo bueno, aún distamos mucho de actuar equitativamente o de siquiera saber con exactitud qué quiere decir equidad. Cuando decimos que todos son iguales, ¿qué queremos decir? Claramente la gente tiene diferentes niveles de inteligencia. Algunos son mejores músicos, contadores o atletas que otros. Los hombres son más altos que las mujeres en promedio. Los sexistas, racistas y todos los que se oponen a la equidad utilizan ese tipo de argumentos en contra de la equidad como fin y sostienen que no es capaz de describir la realidad del mundo.

No obstante, los defensores de acciones afirmativas no tienen ningún interés en garantizar que todos los candidatos a un empleo sean tratados con igualdad, sino que esperan que aquellos que han sido discriminados en el pasado se beneficien con medidas positivas. Sin embargo, la equidad ha formado parte de las discusiones éticas desde hace mucho y es además fundamental para el utilitarismo.

Entonces, ¿qué queremos decir cuando decimos que queremos equidad?

Los utilitaristas ven los intereses de todos como iguales y los definen como el máximo placer y el menor dolor posibles. Incluso, muchos comportamientos de capacitación hoy en día utilizan "equidad de intereses" de forma similar al término "equidad". Esto quiere decir que el interés de ningún grupo debería valorarse más que el de otro.

El dolor y el placer de todas las personas deberían medirse por igual. Esto no quiere decir tratar a todos igual, explica Singer a través de un ejemplo que nos ubica justo después de un terremoto donde hay morfina limitada para aliviar el dolor de los sobrevivientes. ¿Debería dividirse el fuerte analgésico por igual entre todos los pacientes que sufren o distribuirse según sus niveles de necesidad? Singer (al igual que yo) aboga por distribuir la morfina en función de crear el mayor bien. Los intereses de todos se valoran de manera equitativa, sin embargo, eso no se traduce en la misma cantidad de morfina para todos. Además, aunque parezca obvio, es importante señalar que el concepto de equidad de intereses es una prescripción, no una descripción de cómo es el mundo hoy en día.

Incluso cuando aceptemos la idea de que los intereses de todos deberían ser tratados con equidad, el tribalismo puede amenazar nuestro deseo de seguir adelante. Los factores sociales y biológicos nos presionan para que intentemos aliviar el dolor que experimentan los miembros de nuestra familia y quizá aquellos de nuestra comunidad, ciudad o país antes que el de los que están fuera de este grupo. Si bien coincidimos en que el dolor de las personas sin importar su raza debe valorarse y atenderse por igual, pocos de nosotros hacemos mucho por el dolor de los que están en lugares lejanos, en comparación con lo que hacemos por los miembros de nuestra familia cuando sufren.

La equidad de intereses es una idea abstracta y ciertamente es muy complicado valorar los intereses de todos. Además, también es fácil imaginar (pero no condonar) que haya personas que terminan dando más apoyo a los intereses de aquellos más similares a ellos porque los entienden mejor. Al observar cómo diferimos de los criterios de equidad de intereses, podemos mejorar si optamos por la creación de mayor beneficio.

Llevar los límites de la equidad de intereses más allá para incluir a los animales

Mientras abogaba por la equidad de intereses frente a la equidad de trato, violé los preceptos centrales de la primera al enfocarme únicamente en la especie humana, pero ¿qué sucede con los animales?

Los racistas crean menos bien en el mundo al darle más importancia a los intereses de una raza por encima de otras. El especismo crea menor bien del que podría al ignorar los intereses de los seres sintientes no humanos. Por supuesto que todos somos especistas, ya que incluso el utilitarista más comprometido favorece a los animales sintientes por encima de las plantas. Existe una base sólida para este favoritismo: las plantas no pueden experimentar sufrimiento o alegría, por lo que no tienen intereses que puedan considerarse. De manera similar, siento mayor preferencia por las personas y otros mamíferos que por los insectos que generalmente tienen vidas cortas y perciben menos dolor y placer físico y mental.

Supuestamente existen mejores razones para valorar más a los humanos que a los demás animales. Debido a su longevidad y condición, los seres humanos tienen probabilidades más altas de experimentar placer que los demás seres. De igual forma, tenemos una mayor capacidad mental para experimentar más angustia que cualquier otro animal.

Por ejemplo, la mayoría de las especies que sufren cáncer padecen el desgaste físico, pero no la angustia mental o el miedo de saber que están muriendo. Aun así, **decir que las personas pueden sentir más placer y dolor no tiene por qué reducir nuestra preocupación por las otras especies.** La mayoría de nosotros puede hacer más bien al otorgar más valor a los intereses no humanos, ya sea comiendo menos carne, protestando contra el abuso animal en las granjas industriales o protegiendo los hábitats de la vida silvestre.

RECUERDA:

Una forma de fomentar la equidad puede ser aprenderte el nombre de alguien que acabas de conocer y que no pertenece a tu propia tribu. Recordarlo y pronunciarlo bien es un acto de respeto, pues forman parte de su identidad.

Los límites para lograr la equidad

Vivir viendo más allá de nuestras tribus para velar por los intereses de todos con equidad es una enorme tarea. Muchas veces no logramos darnos cuenta de nuestras limitaciones cognitivas, de las concesiones inteligentes donde podemos reducir nuestro nivel de tribalismo y obtener mejores resultados o de la corrupción que fomenta el tribalismo. Sin embargo, sé, al igual que tú, que puedo ser mejor y moverme en dirección de una equidad mayor. Puedo identificar mis áreas de oportunidad y considerar cambiar mi conducta. También puedo pensar en formas en las que puedo continuar siendo cada vez más equitativo con el tiempo. En palabras de Dolly Chugh, **puedo pasar de creer en la equidad a construirla**. Espero que veas oportunidades similares para ti.

CAPÍTULO 7

Identificar y eliminar el desperdicio

En septiembre de 2017, Amazon anunció una competencia para determinar la ubicación de la segunda sede de sus oficinas centrales entre ciudades de Estados Unidos, que generaría 50 mil empleos para la región.

Ante esta promesa, 283 ciudades decidieron participar y, para hacerlo, contrataron costosos servicios de consultoría, desarrollaron ofertas llenas de beneficios e incentivos para la compañía y escribieron largas y nada baratas propuestas con muchísima información sobre las ciudades. Parecía el mejor negocio de la temporada.

Abarcaban desde información demográfica y planes de infraestructura hasta códigos de zonificación y jugosos incentivos fiscales que alcanzaban los 2 mil millones de dólares en algunos casos. Solo participar implicaba un costo de millones de dólares.

Para enero de 2018, Amazon había reducido la lista a veinte finalistas y en noviembre del mismo año anunció que dividiría sus segundas oficinas en dos ciudades: Crystal City, una zona suburbana cerca de Washinton D. C., y Long Island en Queens, Nueva York. De acuerdo con los informes, Nueva York había ofrecido 1 mil 700 millones en beneficios fiscales, mientras que Virginia y el condado de Arlington, 573 millones.

Muchos críticos se preguntan si Amazon realmente necesitaba trece meses y 238 participantes para llegar a la conclusión de que quería estar en estos dos sitios donde ya tenía una fuerte presencia. ¿O acaso la competencia fue una farsa para generar publicidad, reunir información de las ciudades y regiones para futuros proyectos, además de hacer que las dos sedes finales pagaran más? Incluso, si hubiese habido entre cinco y diez verdaderos concursantes, ¿por qué molestar a los otros doscientos aspirantes?

Tal vez, Amazon solo hizo que todas estas ciudades y estados desperdiciaran enormes cantidades de dinero y tiempo persiguiendo un sueño imposible. ¿Realmente valió la pena para los ganadores emplear 2 mil millones en subsidios con tal de albergar unas oficinas?

La respuesta es clara. Amazon hizo que se desperdiciaran enormes cantidades de tiempo y esfuerzo que pudieron haberse utilizado para mejorar caminos, escuelas y centros de salud en las comunidades que no ganaron. La empresa se pudo haber beneficiado de tener dos o tres licitadores extras para obtener más dinero de los ganadores, pero los doscientos restantes no agregaban nada a la estrategia. Además, la publicidad positiva que se generó tras anunciar el concurso se perdió con la crítica por parte de los participantes que no ganaron, por la mala voluntad de la compañía y al enfrentar a la prensa.

El desperdicio destruye beneficio y hace que la sociedad empeore. El concurso de Amazon quizá fue legal, pero estuvo muy lejos de generar beneficio.

El desperdicio en cualquiera de sus formas (desde comprar algo que nunca utilizas hasta el gasto destructivo que hacen las compañías y los gobiernos) es uno de los ámbitos clave en el que podemos aplicar lo que aprendimos en los capítulos anteriores.

Subsidios disfuncionales para las corporaciones

¿Por qué las ciudades y regiones de Estados Unidos gastan miles de millones de dólares compitiendo entre ellas por empleos? Parte de la respuesta es que los estados recaudan impuestos de forma independiente para uso interno. Además, los políticos a nivel estado son elegidos por los ciudadanos de solo esa entidad, por lo que tienen poca disposición de cooperar con otros.

Muchas ciudades y estados también se ven influidos por economistas que sostienen como argumento que las firmas tecnológicas aumentan los salarios y la calidad de vida para todos.

No obstante, un artículo académico de la Escuela de Economía de Londres, escrito por Tom Kemeny y Taner Osman, revela que los empleos en el sector tecnológico reducen los sueldos reales de aquellos que no trabajan en esta industria, ya que las rentas y el costo de vida aumentan más rápido que los salarios.

Todos los años, estados y ciudades estadounidenses gastan miles y miles de millones de dólares en recortes tributarios y subsidios para alentar a las compañías a mudarse de un estado a otro. En la última década, empresas como Boeing, Ford, General Motors, Intel, Nike, Nissan, Royal Dutch Sell y Tesla han recibido paquetes de subsidio de más de mil millones de dólares cada una por mudar sus oficinas centrales. En algunos casos, incluso, no era necesario que el licitante ganador gastara.

El financiamiento de estadios deportivos para equipos privados con fondos públicos en Estados Unidos es también otro enorme desperdicio del dinero de los contribuyentes. Esta desafortunada tendencia comenzó en 1953, cuando Milwaukee atrajo al equipo de béisbol de las grandes ligas, Boston Braves, ofreciéndoles un nuevo estadio patrocinado con dinero público. Sin embargo, en 1959, los Braves fueron vendidos y reubicados a Atlanta, sin importar que la ciudad hubiera invertido 18 millones para construirles un estadio.

Durante décadas, los dueños de equipos deportivos han hecho que las ciudades compitan entre sí para persuadir a los líderes en invertir millones en renovaciones o estadios nuevos. El estadio de los Yankees de Nueva York, terminado en 2009, costó más o menos dos mil 500 millones de dólares, de los cuales un mil setecientos fueron financiados mediante bonos de excepción de impuestos emitidos por la ciudad.

Desde el año 2000, los contribuyentes federales han pagado tres mil 200 millones de dólares en subsidios para estadios deportivos a partir de bonos de excepción fiscal, según lo expuesto en el reporte de la Institución Brooking, un centro de investigación muy popular en Estados Unidos.

¿Por qué las ciudades y estados contribuyen a tal desperdicio? Los políticos generalmente actúan como héroes cuando inauguran oficinas centrales o un estadio, mientras que los ciudadanos se sienten ganadores. Esto sucede porque tienden a enfocarse en el beneficio a corto plazo de "ganar" e ignoran los costos de oportunidad que estas acciones representan para la comunidad, puesto que se pierden fondos para escuelas, hospitales, etc., y pasan por alto los costos a largo plazo. Es decir, la deuda.

La propensión común de no hacer compensaciones acertadas ocasiona que los errores sean más probables. Se le resta mucho al futuro (o a las ventajas a largo plazo) en pro de beneficios inmediatos. Más allá de este enfoque a corto plazo, hay tres ingredientes adicionales que contribuyen a esta clase de desperdicio.

Dilemas sociales

En el capítulo 3 expliqué por qué alguien podría competir (elegir la opción egoísta en vez de cooperar) en el dilema del prisionero y también señalé que la competencia tiende a destruir beneficio.

Las contiendas entre ciudades y regiones de Estados Unidos que buscan ser la sede de compañías o de equipos deportivos suelen ser un dilema social con muchas más partes involucradas que las dos en el dilema del prisionero. Si cada ciudad o estado actúa con base en su interés por conseguir el equipo, todas las ciudades y estados terminan teniendo el mismo mal resultado en donde los contribuyentes son quienes proveen de bienestar a los dueños ricos de corporaciones lucrativas.

Este patrón ilustra "la tragedia de los comunes", un fenómeno documentado por el ecologista Garret Hardin. Imagina un grupo de pastores que llevan a sus rebaños a comer a un pastizal común. Cada pastor obtendría una pequeña ventaja a corto plazo al aumentar el tamaño de su ganado y llevarlo a pastar a esta área compartida.

No obstante, si muchos otros hacen lo mismo, el pastizal tarde o temprano estará destruido. Por separado, es mejor para cada uno aprovechar más los pastizales, pero colectivamente lo óptimo es limitar el número de animales a un nivel sustentable. En un inicio, **los resultados pueden parecer un triunfo, pero al competir todos y elevarse el costo del triunfo, todos pierden a largo plazo al despilfarrar recursos públicos.**

Conflictos del querer contra el deber

Muchas veces, cuando los municipios compiten por algún equipo deportivo, sus líderes son conscientes de que están empleando los limitados recursos que hay para escuelas, puentes y hospitales en esta disputa. No obstante, actúan igual que fumadores compulsivos deseosos de un poco más de esa adictiva sustancia, aunque saben bien que deberían abstenerse para limpiar sus pulmones y tener una vida más larga. Ponen mucha atención en lo que se espera a corto plazo. Los políticos se benefician de cumplir los deseos inmediatos de sus seguidores y pocas veces sufren en persona haber endeudado a largo plazo a la próxima generación. Del mismo modo, lo que queremos muchas veces domina a lo que deberíamos hacer y se genera un patrón destructivo de competencia.

La maldición del ganador

Imagina que compites en una subasta en contra de muchos otros participantes por un premio cuyo valor es bastante incierto. No es de sorprender que todos los postores tengan ideas muy diferentes sobre su valor.

Lo "bueno" es que ganaste la subasta. ¿Deberías estar feliz? Muchas investigaciones demuestran que no. Cuando se subasta un objeto de valor desconocido es más probable que el ganador haya sobrevalorado el precio. Este fenómeno se conoce como la maldición del ganador. **Los postores con frecuencia no logran reconocer que el postor que más valor da al premio es el que suele "ganar" la subasta.**

Ahora, piensa el caso de las ciudades tratando de estimar el valor de un equipo de fútbol americano. Mientras exista algo de incertidumbre sobre su valor, cosa que es muy probable, podrá otorgársele un valor por encima o por abajo del real. La ciudad ganadora suele ser aquella que tuvo un estimado muy optimista. Como resultado, el ganador, en una subasta tan incierta y con tantos postores, suele pagar más del valor real.

Desertar del bien común por darle mayor importancia a lo que queremos y no a lo que deberíamos hacer, junto con la maldición del ganador, integra la mayoría de los casos en los que el gobierno participa en competencias disfuncionales. ¿Qué se puede hacer? **Un buen comienzo sería atender el simplista supuesto estadounidense de que la competencia siempre es positiva.** La meta del Tratado de Roma en 1957, creado por la Unión Económica Europea, era propiciar un ambiente competitivo eficiente. El artículo 92 del tratado define cuatro libertades básicas para sus miembros: movimiento, capital, servicios y bienes. Además, declara que cualquier ayuda otorgada por un país específico que distorsione o amenace con distorsionar la competencia dentro de la comunidad viola el tratado. El artículo sirve para limitar la competencia disfuncional entre países y promover una más efectiva. A diferencia de Estados Unidos, que aunque es una nación, su costumbre de ceder los derechos a cada estado, junto a una visión ingenua de los beneficios unilaterales de la competencia, hace que sus partes se involucren en una competencia disfuncional entre ellas y produzcan mucho desperdicio.

"Necesitamos una tregua nacional dentro de los estados y entre ellos. La caza furtiva de compañías privadas con fondos públicos no debería existir", explica Amy Liu, la directora del Programa de Política Metropolitana de la Institución Brookings. Para entender este problema de forma adecuada, el gobierno federal necesita hacer cambios que apunten a prevenir estas conductas disfuncionales a nivel estatal y municipal. Una opción podría ser que el Congreso prohibiera las competencias interestatales, como el Tratado de Roma lo hizo entre las naciones de Europa en 1957.

Si la prohibición suena demasiado restrictiva, el Congreso puede gravar los incentivos locales y estatales como una especie de ingreso especial y retirarles de forma efectiva sus beneficios, ya que la organización que los reciba tendría que pagar lo que sea que gane al gobierno federal. Dicho impuesto federal motivaría a las ciudades a desarrollar sus propias estrategias para crear nuevos beneficios, en vez de robárselo a otros de manera ineficiente.

> **RECUERDA:**
>
> Desde comprar algo que nunca utilizas hasta el gasto destructivo que hacen las compañías y los gobiernos, el desperdicio destruye beneficio y hace que la sociedad empeore. Este es uno de los ámbitos clave en los que se debe pensar durante la toma de mejores decisiones.

Desperdicio en el sistema de comida

El día de Año Nuevo de 2019, asistí a un almuerzo de la Sociedad Vegetariana de Boston con Rachel Atcheson. Había conocido de paso a Rachel en otros eventos relacionados con altruismo efectivo y reducción del sufrimiento animal, pero no la había tratado mucho. Esta mujer, que tiene cerca de 30 años, además de maestra en filosofía por la Universidad de Boston es una altruista efectiva comprometida y un agente central del movimiento contra el sufrimiento animal.

Anteriormente, trabajó para la Human League y ahora es la asistente estratégica de Eric Adams, el presidente del condado de Brooklyn. Su trabajo es posicionar al condado como líder en la defensa de la salud y el bienestar, con el segundo objetivo nada oculto de salvar más animales al cambiar los hábitos alimenticios de los residentes y visitantes de Nueva York. Rachel es una agradable y apasionada activista, orgullosa de su pasado, cuando exploraba los contenedores de basura para rescatar la comida que desechan los restaurantes con el fin de reducir (o quizá algunos dirán consumir) el desperdicio.

La reunión se llevó a cabo en un restaurante vegetariano muy bueno que se llama Grasshopper, en el vecindario Allston de Boston. Había cerca de diez mesas para ocho personas en el restaurante, se trataba de un evento privado para el que se habían agotado todas las entradas. En nuestra mesa teníamos grandes cantidades de comida dispuesta en un estilo familiar y era mucho más de lo que podíamos comer, aunque hice mi mejor esfuerzo. De forma congruente con los valores de reducir el desperdicio de comida, al final, el restaurante entregó contenedores para que los asistentes se pudieran llevar a casa algunas sobras. Yo sabía que Marla, mi esposa, tenía planes de cocinar la cena esa tarde, por lo que no tomé nada (de lo contrario lo habría hecho encantado). Rachel se aseguró con amabilidad de que todos en nuestra mesa tuvieran todo lo que querían y dejó bien claro que no permitiría nada de desperdicio, así que llenó cuatro recipientes de más o menos litro y medio, incluso sirvió en ellos comida de la mesa contigua, y se puso a pensar con qué amigos compartiría toda esa abundancia.

La acción de Rachel no transmitía codicia, sino una pasión por no permitir que la comida se desperdicie. **El desperdicio nos aleja de la creación de beneficio.** El episodio claramente capturó un aspecto de cómo la activista se conduce en su vida de forma tal que el vegetarianismo, el utilitarismo y la reducción de desperdicio confluyen con armonía. Admiro a Rachel, aunque no pretendo igualar su estilo de vida. Volví a casa reflexionando sobre nuestros intereses compartidos como el caso de los productos emergentes a base de plantas, pero lo más impresionante de la reunión fue ver a alguien esforzarse de verdad por ser mejor al reducir el desperdicio de alimentos.

El desperdicio de comida es un enorme problema al que muchas personas agradables contribuyen sin prestar mucha atención, pero hay demasiadas cosas que podemos hacer. Al existir tantas personas hambrientas en el mundo y en nuestras propias comunidades, debería indignarnos que se desperdicie casi la mitad de la comida que se produce en el mundo. La mayoría de nosotros piensa en la comida que se desecha como solo los restos que quedan en nuestros platos, pero hay mucho más que eso.

El desperdicio de alimento por el impulso de comprar, debido a las porciones gigantes que sirven en los restaurantes, al daño de los productos, a que no consumimos alimentos antes de que expiren y a la ideología de ver los bufets como una oportunidad de "coma todo lo que pueda" y no de "coma todo lo que en verdad quiera".

Por cada bote de basura que produces, se tuvieron que generar antes 15 cubos más. La captura anual de peces e invertebrados marinos a nivel mundial representa aproximadamente 100 millones de toneladas, pero solo el 20 % se procesa como alimento. A su vez, de ese 20 % solo se consume 30 % (actualmente solo 6 %) y lo demás se desperdicia. Muchos peces e invertebrados no funcionan como alimento por su sabor, color o tamaño desagradables.

Muchos piensan que la comida disponible se reducirá dramáticamente conforme la población mundial alcance los 9 o 10 mil millones a mediados del siglo. Además, se cree que la proteína será muy escaza debido, en parte, a que las calorías necesarias para alimentar un animal son entre cuatro y cien veces más que las que los humanos obtienen al consumir productos cárnicos.

La carne de res resalta el desperdicio que generamos más que cualquier otro alimento, pero también las oportunidades disponibles de reducirlo. Estoy seguro de que ya sabes que la res no es buena para ti y que se relaciona con muchas de las peores enfermedades que amenazan tu tiempo de vida. Mundialmente, las vacas necesitan consumir cien veces más calorías de las que en algún momento les ofrecerán a los humanos y 25 veces más proteína.

Casi todos los productos animales generan desperdicio, pero la res es un caso extremo. **Las buenas noticias son que existen planes llevándose a cabo para crear un sistema que desperdicie menos.** Una combinación de factores de salud, consideraciones ambientales, resultados y preocupación por el sufrimiento animal nos ha llevado a un importante crecimiento de cerca del 20% anual en la producción de artículos a base de plantas, entre los que se encuentran los sustitutos de carne.

Todo parece indicar que este crecimiento continuará en el futuro. Como discutimos en el capítulo 1, el proyecto

Good Food se enfoca de forma extraordinaria en crear nuevos productos a base de plantas con mejor sabor, así como en el desarrollo de la "carne cultivada" (también conocida como carne de laboratorio, o carne *in vitro*, y carne artificial), que consiste en una nueva tecnología que cultiva el tejido de un animal real para producir carne sin necesidad de alimentar, torturar o matar ningún ser sintiente.

Todos estos avances emplean mucho menos calorías y proteínas de las que implica producir carne de forma tradicional. La primera hamburguesa *in vitro* fue producida en 2013 y faltan entre cinco y 15 años para tener acceso a carne limpia a un precio accesible.

Existen organizaciones sin fines de lucro que motivan el desarrollo de nuevos productos a base de plantas y carnes limpias al igual que el Instituto Good Food. Además, un número creciente de organizaciones de capital de riesgo y empresarios famosos (con nombres como Gates, Branson, Brin y Welch) ven en esta industria una oportunidad de inversión con potencial lucrativo.

Algunos de ustedes quizá estén cansados de mis opiniones sobre los derechos de los animales, pero un aspecto interesante del proyecto de Good Food es que sus líderes han expandido su enfoque y no se limitan a solo motivar a la gente a ser vegetarianos o veganos, sino que también están cambiando el balance de los alimentos consumidos por flexitarianos, reductores de consumo y otros. **Lograr que la gente coma de formas más sustentables demanda la creación de excelentes productos.** De esa manera quizá los carnívoros querrán también consumirlos por su sabor, costo y conveniencia superiores, en comparación con los productos que requieren acabar con la vida de un ser sintiente.

Un aspecto único del interés del sector de capital de riesgo en este tipo de alimentos es la colaboración. En muchas industrias, los fondos de capital de riesgo que compiten solo se coordinan cuando invierten en el mismo proyecto corporativo. Sin embargo, en este ámbito, muchos inversionistas son veganos y parte de su enfoque es reducir el sufrimiento animal y el desperdicio de comida. Como resultado de su misión social, trabajan en coordinación por llevar al mercado tantos productos nuevos como sea posible.

Por supuesto que el desperdicio que producen los consumidores va mucho más allá de la comida. Más de la mitad de la energía producida en Estados Unidos se desperdicia debido a ineficiencias como el calor que desperdician los vehículos, los focos y las plantas de energía. Podemos reducir tal desperdicio sin hacer ningún sacrificio personal. De hecho, ser más eficientes energéticamente nos ayudaría a ahorrar dinero y haría del mundo un lugar un poco mejor.

Parásitos e intermediarios en el mundo sin fines de lucro

Imagina que tu teléfono suena mientras estás cenando, respondes y una persona comienza a contarte una historia conmovedora sobre alguien que necesita tu apoyo económico. Todos hemos recibido esas llamadas y muchos hemos hecho donaciones. Claramente, pienso que podrías tomar mejores decisiones caritativas si no estuvieras considerando una única opción por teléfono mientras deseas volver a tu cena. De hecho, es muy probable que si donas, tu dinero se desperdicie.

Cuando donamos por teléfono, generalmente lo hacemos respondiendo a un llamado emocional explotado por parásitos intermediarios que trabajan para organizaciones con fines de lucro que buscan estafar a las personas. Una impresionante cantidad de dinero va para el intermediario y muy poco se ocupa para aquellos que necesitan ayuda. Un ejemplo es Help the Vets, una organización que opera en todo Estados Unidos y solicita donaciones para fondear los gastos médicos de los veteranos de guerra, entre los que se incluyen el tratamiento para cáncer de mama, un programa para la prevención del suicidio y retiros para superar el estrés.

Esta asociación apela a las emociones de los donantes potenciales haciendo notar que: "Para aquellos que estuvieron en Iraq y Afganistán 'darlo todo' no es solo una expresión, sino una cruda realidad". Puede parecer que la organización tiene la mejor de las intenciones, sin embargo, el director de la Comisión Federal de Comercio, Joe Simons escribió que existe evidencia de que Help the Vets gastó más del 95% de las donaciones que recibió entre 2014 y 2017 en gastos generales del fundador y en la recaudación de fondos.

Muchas organizaciones caritativas contratan intermediarios, principalmente, servicios de telemercadeo o *call centers* para que se encarguen de la recaudación de fondos. No obstante, si a nadie le gustan las llamadas telefónicas, ¿por qué se utiliza aún tal herramienta? Dichas empresas privadas saben que pueden ganar dinero haciendo una tarea que las organizaciones benéficas no disfrutan. De acuerdo con datos del Centro Nacional para Estadísticas de Caridad (NCCS, por sus siglas en inglés), existen más de 1.5 millones de organizaciones registradas en Estados Unidos, el doble que hace 20 años.

Los recaudadores profesionales ofrecen sus servicios para reunir fondos y, debido a que todas las organizaciones compiten por el dinero que se dona, estos intermediarios terminan por convencerlas de que están muy ocupadas con todos los servicios que ofrecen. De forma tal que, al final, las empresas ofrecen el dinero recaudado como si fuera un jugoso bono que las organizaciones no podrían recaudar por sí mismas, por lo que aceptan la oferta, contratan el servicio y terminan con una cantidad mucho menor a la recaudada.

La institución se enfoca en su trabajo y pasa por alto el hecho de que el dinero de los donadores se está desaprovechando. Los intermediarios logran quedarse bastante dinero, casi el 75%, mientras que los empleados de las organizaciones tienen salarios muy bajos. Este proceso es técnicamente legal, pero extremadamente inmoral. Cuando se engaña a las personas para creer que su dinero va principalmente a aquellos que lo necesitan, pero en realidad termina en manos de una organización con fines de lucro que ni siquiera se mencionan, claramente la aportación se está desperdiciando y podría donarse de mejor manera. **Las organizaciones de caridad que participan en este proceso permiten a los intermediarios crear empresas que generan desperdicio, reducen el pastel de la caridad y manipulan a los contribuidores desinformados.**

Si todas eliminarán a los intermediarios, reunirían más dinero de manera colectiva. Cuando las organizaciones sin fines de lucro contratan a estas compañías, están eligiendo desertar ante un dilema social y reducen la cantidad de dinero disponible para todos los grupos. Las organizaciones de caridad deberían ver que para luchar por el bien común deben rechazar a los intermediarios que reúnen los fondos para sí.

Debido a que los intentos por regular los márgenes de ganancia de los recaudadores profesionales han permanecido paralizados en las cortes, un plan más viable podría ser continuar incrementando la transparencia de los hábitos de gasto en las organizaciones caritativas.

Los intermediarios parasitarios no son la única fuente de desperdicio en el mundo sin fines de lucro. La reportera de *The Boston Globe,* Sacha Pfeiffer (miembro del equipo de reporteros galardonado con el premio Pulitzer, que descubrió los abusos sexuales del clero), cuenta la historia de OneGoal, una organización sin fines de lucro con la misma meta que otras cuarenta organizaciones en Boston. Esta repetición de esfuerzos también produce desperdicio.

Se gasta dinero de forma innecesaria en un espacio de oficina, en ineficiencias operacionales, en personal que compite por contribuciones para la misma causa. Son tiempo y dinero desperdiciado en escribir cuarenta reportes al final del año, en llenar cuarenta declaraciones de impuestos y en llevar a cabo cuarenta esfuerzos de recaudación distintos dirigidos muchas veces a los mismos donantes.

En el sector lucrativo, este tipo de ineficiencias habrían conducido a que algunas organizaciones en competencia fracasaran y salieran del negocio, mientras que otras habrían emergido, pero las fuerzas del mercado no rigen el mundo de la caridad.

RECUERDA:

Cuando se subasta un objeto de valor desconocido es más probable que el ganador haya sobrevalorado el precio. Este fenómeno se conoce como la maldición del ganador. Los postores con frecuencia no logran reconocer cómo el postor que más valor da al premio es el que suele "ganar" la subasta.

El desperdicio que creamos

¿Cómo fue que adquiriste todo lo que tienes en tu cochera, clóset o en el cuarto de visitas? Muy seguido, compramos cosas a partir de nuestras respuestas emocionales y no en si queremos tenerlas con nosotros a largo plazo. También solemos confundir la reducción de desperdicio con "ser tacaños". **Si queremos crear más valor, debemos esforzarnos por ver la reducción de desechos como una manera útil de hacer del mundo un lugar mejor,** mientras que, al mismo tiempo, quizá ahorremos algunos recursos al mismo tiempo que avanzamos en dirección al concepto de Óptimo de Pareto descrito en el capítulo 3.

Existen muchas acciones que podemos hacer para desperdiciar menos y cada uno puede encontrar oportunidades distintas. Algunos quizá pensarán en el combustible de más que utilizan por conducir un coche ineficiente o en no manejar cuando es posible viajar de otra forma. Otros quizá reflexionarán mejor las cosas antes de hacer una compra impulsiva y otros más compraremos menos comida para que nada termine en el bote de basura.

Pero, sobre todo, nuestra voluntad de enfrentar el despilfarro habrá de trazar el camino que debemos seguir para crear beneficio. En el siguiente capítulo, hablaremos sobre uno de los bienes más fundamentales que desperdiciamos: el tiempo.

CAPÍTULO 8

Distribuir el bien más preciado: el tiempo

¿QUÉ ES LO QUE MENOS TIENES EN LA VIDA? ¿CUÁL ES TU RECURSO MÁS IMPORTANTE?

MUCHOS CONTESTARÍAMOS RÁPIDO A AMBAS PREGUNTAS CON LA MISMA RESPUESTA: TIEMPO. SIN EMBARGO, VARIAS INVESTIGACIONES ARROJAN EVIDENCIA DE QUE MUCHAS VECES COMETEMOS ERRORES AL DISTRIBUIRLO. CONSIDERA EL SIGUIENTE PROBLEMA.

IMAGINA QUE ESTÁS POR COMPRAR UN CARTUCHO DE TINTA PARA TU IMPRESORA POR 50 DÓLARES Y EL EMPLEADO DE LA TIENDA TE DICE QUE EL MISMO PRODUCTO ESTÁ EN DESCUENTO EN OTRA TIENDA, UBICADA A 20 MINUTOS EN COCHE de donde estás ahora. Tienes ya decidido comprar el cartucho hoy, ya sea ahí o en el otro sitio. ¿Cuál es el descuento mínimo por el que te trasladarías hasta el otro lugar?

Muchas personas, al valorar de manera tácita su tiempo, argumentan que lo más lógico es hacer una compensación entre el tiempo que debe invertirse y el dinero que se ahorraría. Es común que la gente pida entre 20 o 30 dólares de descuento para conducir esos veinte minutos y casi todos contestan que conducirían si pudieran ahorrar entre 40 y 50 dólares. Ahora considera el siguiente problema.

Imagina que estás a punto de comprar una computadora de 2 mil dólares y el vendedor de la tienda te informa que el mismo producto está en oferta en otro lugar que está a veinte minutos en coche de donde te encuentras ahora. Has decidido hacer la compra hoy ya sea ahí o en el otro sitio. ¿Cuál es el descuento mínimo por el que estarías dispuesto a conducir?

En ambos casos, te enfrentas a una simple compensación entre tiempo y dinero. ¿Cuánto dinero se requiere para que consideres que el intercambio vale la pena? Cuando los investigadores comparan la manera en que contestan las personas a estas dos preguntas, descubren que la mayoría exige un descuento neto en dólares mucho mayor para la computadora que para el cartucho. Es común que las personas dejen pasar un descuento de 60 dólares de la computadora, pero están dispuestos a conducir por 40 dólares menos cuando se trata del cartucho.

¿Por qué esta inconsistencia? **Cuando pensamos en conseguir un buen trato, parte de nuestra valoración se ve guiada por el porcentaje de ventaja que recibimos.** Este afán puede llevarnos a desperdiciar tiempo si asumimos que nuestra meta es ahorrar el mayor tiempo posible por el dinero que pagamos.

Los psicólogos Amos Tversky y Daniel Kahneman escribieron la versión inicial de este problema que siempre me ha fascinado. Esto es en parte debido a la mala percepción y valoración que tengo del tiempo. Siendo sincero, yo entraría muy fácil en el grupo de los que dejan pasar el descuento de 60 dólares en la computadora, pero sin duda van por el cartucho que cuesta 40 dólares menos. No puedo ignorar un descuento del 80 %. Además, también estoy algo obsesionado con conseguir buenas ofertas en vuelos y hoteles, aunque estoy seguro de que lo que ahorro no vale todo el tiempo que empleo buscando en internet el mejor precio.

Ser miembro de la junta editorial de alguna revista académica, por ejemplo, conlleva obtener mucho prestigio. Si eres miembro de alguna, que es mi caso como académico universitario, se espera que leas una gran cantidad de artículos e, inevitablemente, muchos no son de tu interés. A mí me pedían leer varios que no habría elegido si no estuviera en la junta y, al cumplir mis cincuenta años, había revisado suficientes artículos y dudaba que mi entusiasmo fuera el mismo que el que tendría un estudiante avanzado de doctorado o algún miembro más joven del profesorado.

Por lo tanto, **no era claro que alguien se estuviera beneficiando lo suficiente del costo que esto me representaba**. Incluso, estaba mucho más convencido de que haría mejor trabajo como académico al dedicar esas horas en otras tareas que me parecieran más interesantes. De tal forma que renuncié a las juntas editoriales de las revistas que más artículos me enviaban. Se trataba de publicaciones prestigiosas e, incluso, algunas eran editadas por amigos míos. No renuncié por ser flojo, sino por hacer un mejor uso del tiempo que quería utilizar para contribuir a un bien mayor.

En el capítulo 3 hablábamos del beneficio que creamos para nosotros mismos y otros. Ahí podemos ver que cualquier cantidad de tiempo que dedicamos a ayudar a los demás puede representarse como un movimiento del punto A al punto C. Este capítulo te plantea ante la pregunta de si podrías avanzar hacia un resultado mucho más eficiente que el del punto C, hacia una posición en la que sacrifiques lo mismo que sacrificas al desplazarte del punto A al punto C, pero creando mucho más beneficio para otros.

Este capítulo te ayudará a pensar cómo utilizar tu tiempo con más sabiduría en beneficio tuyo y en beneficio de otros. No quiero sermonearte sobre hacer cosas más serias a expensas de tu disfrute. Existe mucha evidencia de que la gente trabaja muy duro y juega muy poco. En su lugar, yo espero motivarte a que encuentres formas de maximizar tu placer y minimizar tu dolor. Para que, cuando decidas ayudar a otros, logres el mayor bien posible con el tiempo que inviertes.

Las personas tienden a pasar muchas horas pensando en qué gastar su dinero tan limitado, pero no se ocupan de hacer la misma valoración con cómo emplear su tiempo. Hacer un ejercicio sobre el uso de mi tiempo me parece muy útil y te invito a que también lo hagas. Es probable que llegues a descubrimientos sorprendentes capaces de ofrecerte una percepción de cómo hacer más bien con este recurso limitado.

Dinero versus tiempo

Benjamín Franklin fue la primera persona conocida en afirmar: "El tiempo es dinero". Al menos en nuestra epoca, sin embargo, no seguimos las implicaciones de este consejo, no hacemos concesiones sabías entre tiempo y dinero. Estamos acostumbrados a hacer presupuestos, pero no itinerarios, a pesar de que el dinero es más fungible que el tiempo: el dinero que no gastas hoy puedes usarlo mañana, pero el tiempo que no empleas bien hoy lo pierdes para siempre.

Mi colega de la Escuela de Negocios de Harvard, Ashley Whillans, es una experta en las concesiones entre tiempo y dinero que realizan las personas y en cómo podrían hacerlo mejor. Ashley y sus colegas descubren que, aunque las personas dicen que no tienen tiempo, sus conductas reflejan una inclinación a pasar muchas horas intentando ahorrar cantidades de dinero relativamente pequeñas.

Esto se relaciona con lo que admití hacer antes sobre pasar mucho tiempo en internet para ahorrarme unos dólares en vuelos y hoteles. La investigación de Ashley demuestra que, a diferencia de este comportamiento, somos más felices cuando nos compramos tiempo. Es decir, cuando le pagamos a otros por hacer tareas que nos consumen tiempo y que nos desagradan como la jardinería, lavar la ropa, cocinar, descubrir qué está mal con nuestra computadora.

La cultura occidental nos obliga a poner mucha atención en el dinero y no en el tiempo, sostiene Ashley. Muchos de nosotros aprendemos desde muy pequeños que la gente importante está muy ocupada, es decir, que tiene muy poco tiempo. Además, nos han enseñado a valorar el dinero más que el tiempo. Nos dan bonos monetarios por buen desempeño, pero pocas veces nos recompensan con tiempo libre o con que nuestro jefe nos libere de algunas tareas. Cuando permitimos que nuestro sistema 1 se encargue de distribuir nuestro tiempo, lo empleamos mal y no tenemos suficiente. En cambio, cuando reflexionamos sobre las concesiones entre tiempo y dinero, muchos nos damos cuenta de que nuestra conducta no refleja el verdadero valor que le damos a nuestros minutos. Cuando avanzamos hacia nuestro sistema 2 que es más deliberado, hacemos mejores concesiones entre tiempo y dinero.

En su libro más reciente, Ashley también sostiene que la culpa no nos deja delegar tareas que nos desagradan y que nos darían más tiempo. Nos sentimos mal por pagarle a otros para que hagan cosas que podríamos hacer nosotros, como limpiar nuestra casa o hacer las compras, aun cuando podemos pagarlo y cuando hay empleados dispuestos a proveer estos servicios. Además, también descubrió en su investigación que no nos gusta que otros sepan que le pagamos a otros por tales servicios. Para ella, esta forma de pensar está viciada y concluye que otros podrían beneficiarse de ese trabajo y, en el proceso de darlo, también aumentamos nuestra felicidad.

Tiempo versus tiempo

Llegó el momento de examinar cómo utilizamos el tiempo para hacer el bien en el mundo. Podemos echar un vistazo a aquellas tareas en las que estamos empleando mal nuestro tiempo al no ser recompensados y no disfrutarlas. Además, podemos identificar qué tareas deberíamos intercambiar por otras.

Comienza enlistando las actividades en las que has participado en los últimos dos meses empleando tu tiempo para ayudar a otros. Aquí está la mía.

- Di la clase de un colega que estaba enfermo.
- Asistí a una beneficencia sin fines de lucro, que pertenece a una organización donde mi esposa forma parte de la junta directiva.
- Leí y comenté el libro de un amigo que está por publicarse.
- Llevé los restos de nuestra comida a un pozo de composta cercano, en lugar de solo tirarlos en el bote de basura.
- Asistí a una conferencia enfocada en reducir el sufrimiento animal para aprender del tema.
- Asistí a una junta aburrida de un comité que espero al menos genere algunos resultados concretos.
- Le di consejos sobre negociaciones en fondos de seguridad a una amiga para su nueva empresa.

- Hablé con muchas personas sobre los campos académicos en los que me desempeño. Algunas conversaciones tenían que ver con investigación y otras con trabajo.
- Di una conferencia en Washington D. C. por petición de unos colegas, sin recibir ninguna paga.
- Me reuní con el director de desarrollo de una organización de caridad que dirige un amigo. La agradable persona que conocí buscaba una contribución caritativa.

Conforme reviso mi lista, puedo concluir que la mayoría de los elementos fueron buenas formas de emplear mi tiempo. Sin embargo, me gustaría recuperar el tiempo que invertí en algunas cosas. La conferencia me tomó mucho tiempo en comparación con el beneficio que considero genere. Los asistentes parecían interesados en la charla y no inspirados o listos para actuar (como yo esperaba) en sus organizaciones.

Haberme reunido con el director de desarrollo no cambiará mi aportación a la caridad y realmente no tuvo ningún otro propósito más que ser amable. La aburrida junta del comité no requería mi presencia en realidad, a diferencia de mi caminata hasta el lugar de la composta, que combiné con un agradable paseo con mi perro.

Ya he tomado nota mental de estas observaciones para el futuro y con suerte, este tipo de examen desembocará en un esfuerzo continuo por usar mejor mi tiempo. Pero lo que realmente necesito (y quizá tú también) es encontrar formas más sistemáticas de pensar en mis compromisos futuros que involucran mi tiempo. Por suerte, algunas están disponibles.

En 1817, el político ecónomo británico David Ricardo introdujo el concepto económico de "ventaja comparativa". Una compañía se encuentra en ventaja comparativa a nivel organizacional cuando tiene la capacidad de ofrecer bienes y servicios a un costo menor que sus competidores. Este concepto ayuda resaltar las ventajas del comercio, incluidas aquellas que discutimos en el capítulo 3.

A nivel individual, **una persona tiene una ventaja comparativa cuando puede realizar una tarea a un costo de oportunidad más bajo que otra.** Para aquellos que no están familiarizados con el término "costo de oportunidad", piensen en el mejor uso que se le podría dar al tiempo de esa persona si no trabajara en dicha tarea. La palabra "oportunidad" resalta la diferencia entre ventaja comparativa y absoluta. Alguien que se dice es el mejor haciendo algo tendría una ventaja absoluta.

Por ejemplo, pensemos en una tarde en la que mi esposa Marla y yo teníamos cuarenta minutos para pasear al perro y preparar la cena. Marla es mejor caminando con nuestra mascota que yo (a juzgar por la felicidad de nuestra perra, Becca). Sin embargo, aunque es muy buena en esta tarea es increíblemente mucho mejor que yo al preparar la cena. Por lo tanto, aunque no soy el mejor para pasear a los perros en la familia, ahora tengo una ventaja comparativa de hacerlo, aunque no posea la ventaja absoluta. Esto se debe a que Marla me supera en cocinar mucho más de lo que lo hace sacando a Becca.

Todos tenemos ventajas comparativas en ciertas áreas y es mejor emplear nuestro tiempo en ellas y no donde tenemos ventaja absoluta. Sin embargo, muchos de nosotros solemos querer desempeñar tareas donde poseemos ventaja absoluta, aunque no exista ahí ninguna ventaja comparativa. Algunas organizaciones inteligentes asignan las tareas a sus empleados con el objetivo de obtener los beneficios de las ventajas comparativas que las personas aportan en distintos ámbitos.

El concepto de ventajas comparativas nos ayuda a distribuir las tareas entre diferentes personas. No obstante, también hay ocasiones en las que debemos asignarle nuestro tiempo a una tarea sin saber quién la hará y quién no, o si la tarea se completará siquiera. Imagina que más o menos al mismo tiempo te piden unirte a un comité para mejorar el edificio, servir en la comisión de una organización sin fines de lucro y reunirte con el amigo de una amiga a quien quizá puede servirle tu consejo.

Te encantaría ayudar, pero no tienes tiempo suficiente para decirles a todos que sí. Ni aunque te quedaras despierto hasta tarde. En ese caso, no es práctico pensar dónde tienes una ventaja comparativa, pero puedes comparar la cantidad de bien que generaría invertir tu tiempo en estas tres tareas. Tu análisis probablemente te lleve a concluir que no producirías mucho beneficio en al menos una de estas tareas y, por lo tanto, no tienes por qué sentirte mal de negarte. No estás diciendo que no porque seas egoísta, sino porque hay mejores formas para ti de crear beneficio con el escaso recurso de tu tiempo.

>
> **RECUERDA:**
>
> Cuando pensamos en conseguir un buen trato, parte de nuestra valoración se ve guiada por el porcentaje de ventaja que recibimos. Este afán puede llevarnos a desperdiciar tiempo si asumimos que nuestra meta es ahorrar el mayor tiempo posible por el dinero que pagamos.

Tiempo y hacer el mayor bien posible

La organización 80 000 Hours ofrece servicios de orientación a adultos jóvenes, de entre 25 y 35 años, para elegir carreras que les permitan tener un impacto social positivo. El nombre de la organización hace referencia a la cantidad aproximada de tiempo que pasarán trabajando a lo largo de su vida.

Si aceptaras la meta de crear tanto valor como puedas, ¿cómo elegirías tu carrera?

Esta organización recomienda un proceso de toma de decisiones similar al que definí en el capítulo 2, que consiste en pensar en algunos de los problemas más importantes del mundo e identificar qué impide que la sociedad los supere. Después, reduce la lista a problemas en los que tienes motivación y habilidades para añadir un beneficio substancial. Posteriormente, te recomiendan que des el siguiente paso en el camino de mayor impacto y busques un empleo en el área profesional de tu elección, mientras tienes un plan de respaldo en lo que la incertidumbre del entorno se resuelve. Luego, revisa tu plan de manera periódica, quizá una vez al año, y establece si necesitas hacer ajustes.

Si bien 80 000 Hours se enfoca en las personas que comienzan sus carreras, **todos nosotros nos enfrentamos a la interrogante de cuál es la mejor forma de emplear nuestro tiempo para tener un mayor impacto.** Uno de los cambios de carrera más interesantes que he encontrado es el viaje de Uma Valeti, quien creció consumiendo carne en India y se volvió vegetariano mientras estaba en la escuela de medicina.

Se había ganado una beca para estudiar cardiología y durante su práctica como especialista en la Clínica Mayo, participó en un estudio que utilizaba células madre para reparar el tejido del músculo del corazón que resultaba dañado durante un infarto. Valeti se dio cuenta de que si las células madre podían utilizarse para reconstruir el tejido muscular del corazón, el mismo concepto podría aplicarse para reproducir tejido animal o, como lo llamamos casi todos, carne. Trató de convencer a otros científicos para comenzar una compañía de cultivo de tejido animal con la meta de producir carne a partir de crecimiento celular sin la necesidad de matar ningún animal. Pero no tuvo éxito, por lo que renunció a su carrera como cardiólogo y comenzó una compañía para producir carne de laboratorio.

Aunque consideraba que ayudaba a las personas como médico, tuvo una revelación: "Quizá pueda salvar algunos miles de vidas en los próximos 30 años. Sin embargo, si tengo éxito produciendo carne, podría impactar de forma positiva la vida de millones de humanos y trillones de vidas animales". Valenti considera que puede producir productos sabrosos sin la necesidad de que los animales mueran y sin los efectos negativos que la carne tiene en la salud humana.

Su visión es utilizar su conocimiento biológico para cultivar y mejorar la carne genéticamente de forma que sea más rica, barata y saludable. Con esta visión, fundó Memphis Meat, que ahora se encuentra a la vanguardia en el ámbito de la carne cultivada y posiblemente complementa el impacto de los productos a base de plantas, como Beyond Meat e Impossible Burguer. Memphis Meat atrajo rápidamente a una impresionante lista de inversionistas entre los que se encuentran Bill Gates, Richard Branson y gigantes de la agricultura, como Cargill y Tyson. Además recientemente reunieron 161 millones de dólares adicionales en inversiones.

Memphis Risk es una compañía muy riesgosa de alta tecnología que está al frente de la revolución de la comida. En el contexto de nuestra discusión, **es interesante conocer la historia de un cardiólogo que renunció a su carrera porque encontró otra vía en la que podía crear un bien mayor.**

Valenti no eligió trabajar para una organización sin fines de lucro ni donar grandes cantidades de dinero, sino que tomó un riesgo mucho más grande e intentó producir un impacto mucho mayor. Hizo este cambio con una mentalidad sumamente capitalista: si esta valoración es correcta, pronto será un individuo bastante acaudalado. Espero que así sea, porque si él se vuelve rico gracias a Memphis Meats, habrá creado un enorme beneficio para el resto de los seres sintientes.

El cardiólogo tomó la decisión de renunciar a su carrera para intentar hacer el mayor bien posible. Con frecuencia enfrentamos decisiones más pequeñas sobre como distribuir nuestro tiempo.

¿Deberíamos unirnos al grupo de personas que quitan basura de la autopista? ¿Sería bueno que trabajaras en una organización sin fines de lucro? Obviamente, estas son decisiones que se deben tomar y cualquiera de las opciones harían del mundo un lugar mejor.

Algunas personas piensan que la técnica de ganar para donar dista mucho de hacer el bien, algunos otros aseguran que es elitista. Sin embargo, organizaciones como 80 000 Hours no comparten este punto de vista y citan al historiador romano Sallust, que valoraba al también romano y estadista, Cato *El Joven*, porque prefería "ser bueno y no solo parecerlo".

Según esta visión, el ejecutivo financiero exitoso que dona sus horas de trabajo es capaz de minimizar más sufrimiento de esta manera que limpiando las autopistas en sus días libres. Aunque la segunda opción pueda impresionar más nuestra intuición.

¡Solo di "no" y produce un bien mucho mayor!

Tengo varios amigos en Pittsburg, Estados Unidos, con los que crecí. También obtuve mi doctorado en la Universidad Carnegie Mellon (CMU, por sus siglas en inglés) y trabajé en muchos comités de revisión externos para la CMU. Una de mis amigas, Linda Babcock, es profesora de economía en James Walton y la anterior decano del Sistema de Información y Política Pública de la CMU. Su libro publicado en 2003, *Las mujeres no se atreven a pedir*, fue reconocido como uno de los 75 libros de negocios más inteligentes de todos los tiempos por la revista *Fortune*. Una de las colegas de Linda en Carnegie es Laurie Weingart, la profesora de comportamiento organizacional en la Escuela de Negocios de Tepper.

Hay muchas buenas personas en la institución que quieren que las mujeres tengan mayor representación en el comité, además de que ambas son bien conocidas por hacer bien las cosas, así que les piden mucha ayuda. De acuerdo con lo que me ha contado Linda, si dice que no, el administrativo a cargo de encontrar al personal para el comité simplemente les preguntaría a sus colegas mujeres de la facultad, todo en busca de esa representación femenina. Linda tenía la corazonada de que se le pedían constantemente este tipo de tareas ingratas con más frecuencia a las mujeres que a los hombres, así que invitó a cuatro colegas, incluyendo a Laurie, a discutir esta teoría con unos tragos. Todas conectaron y nació el grupo llamado Simplemente no puedo decir no.

Este grupo de profesoras y profesionales se reunían a convivir, publicaban sus investigaciones sobre el tema y se ayudaban a pensar entre ellas y de forma más cuidadosa cómo pasar su tiempo en el trabajo. Sus investigaciones demostraron que **tanto hombres como mujeres esperan que las mujeres estén más dispuestas a ofrecerse. Y en parte lo piensan porque las mujeres aceptan ayudar con más frecuencia.** Decir que sí a todas las peticiones que les hacen no puede ser la estrategia más inteligente en términos de su propia administración del tiempo si es que ambas desean contribuir al desarrollo de CMU, de sus profesiones y de la sociedad en general. Ya que su tiempo es limitado.

El club "Simplemente no puedo decir no" les ofreció la inspiración para reflexionar y tomar decisiones más sabias sobre cómo crear más beneficio con su tiempo. Su investigación tiene implicaciones para todos, incluidos los hombres que alegamos no tener suficiente tiempo y enfrentamos demasiadas exigencias: podemos tomar las peticiones que nos hacen de tiempo como invitaciones a reflexionar si la tarea que nos piden es la forma más efectiva de hacer el bien con nuestros limitados minutos. Junto a Lise Vesterlund y Brenda Peyser escribieron el libro *The No Club: Putting a Stop to Women's Dead-End Work*.

RECUERDA:

La culpa no nos deja delegar tareas que nos desagradan, como limpiar la casa o hacer las compras, y que nos regalarían más tiempo. No nos gusta que otros sepan que pagamos por tales servicios. Esta forma de pensar está viciada, pues se podría aprovechar el trabajo y, en el proceso de darlo, también aumentamos nuestra felicidad.

¿Cómo deberías pasar el resto de tu vida?

Probablemente pienso más cómo utilizar mi tiempo que la gran mayoría de las personas, pero el proceso de investigar para escribir este capítulo me ha demostrado cuán importante es usar mi tiempo con sabiduría. En particular, me ha comenzado a fascinar lo mal que distribuía mi tiempo en el pasado. No hablo de haber disfrutado más del ocio en lugar de trabajar. Hablo del tiempo que dediqué a ayudar a otros: he pasado mucho tiempo en tareas que creía benéficas, solo para darme cuenta más tarde que hubiese podido hacer mucho más al invertirlo de forma distinta.

Sin duda, debemos ser cuidadosos de aplicar los conceptos de ventaja comparativa de forma muy restringida. Si los llevamos al extremo, ¿por qué sacaría a pasear a mi perra Becca si hay servicios de tarifa accesible que podrían hacerlo por mí? La respuesta simple es que amo a mi perra y me gusta caminar con ella y no quiero pensar en mi tiempo de recreación en términos monetarios. Sin embargo, **reflexionar cómo empleas tu tiempo quizá te permita identificar tareas que no disfrutas y por las que felizmente pagarías para que alguien más las hiciera.** Quizá también te ayude a encontrar maneras de producir más beneficio para otros con las que aproveches algunas de las estrategias de las que hablamos en este capítulo.

CAPÍTULO 9

Obtener el máximo rendimiento de las donaciones filantrópicas

ES NORMAL QUE JUSTO DESPUÉS DE QUE OCURRE UNA FUERTE DESGRACIA, LAS DONACIONES COMIENCEN A LLEGAR. CUANDO EL HURACÁN MITCH GOLPEÓ A HONDURAS, UN AVIÓN LLENO DE SUMINISTROS NO PUDO ATERRIZAR PORQUE HABÍA PILAS DE ROPA OBSTRUYENDO LA PISTA, ENTRE LAS QUE SE ENCONTRABAN MUCHOS ABRIGOS PARA LA NIEVE QUE HABÍAN LLEGADO EN LAS CARGAS ANTERIORES LLENAS DE DONACIONES.

¡ABRIGOS PARA LA NIEVE EN HONDURAS!

Cuando escuchamos en las noticias sobre el último desastre, ya sea que se trate de un huracán, una inundación, un asesinato masivo o un terremoto, muchas personas se sienten impacientes por ayudar. Donar ropa y otros productos como latas de comida o pañales nos suele parecer más personal que mandar dinero. Tenemos la urgencia de enviar cosas para demostrarle a aquellos que sufren que nos importan, sin embargo, muchos trabajadores humanitarios llaman a este golpe de contribuciones inútiles, y a veces incomprensibles, "el segundo desastre".

Estos datos anecdóticos son consistentes con el argumento general de que **las donaciones en efectivo generalmente tienen más sentido y se necesitan mucho más que los abrigos de invierno**. El dinero es fungible, puede gastarse en lo que sea que se necesite y utilizarse potencialmente para aliviar el dolor en donde sea.

Sin embargo, incluso a veces el dinero bien intencionado puede ser demasiado. Dentro de los siguientes seis años después del tiroteo en Sandy Hook, un poblado estadounidense ubicado en Connecticut, 28 mil personas enviaron más de un millón de dólares a la pequeña localidad, según *The New York Times*.

En diciembre de 2012, después de que un joven armado disparara a 20 niños y seis adultos en la escuela primaria Sandy Hooks, las donaciones comenzaron a llegar de inmediato. General Electric, compañía para la que trabajaba el padre del atacante, pagó por la creación de un centro comunitario de 15 millones de dólares, pero para los sobrevivientes no era más que un recordatorio desagradable que parecía más una herida.

El dinero causó conflictos en Newtown, hizo poco por atender los problemas sociales que contribuyen a los tiroteos y, sin duda, no cambió ni remedio las muertes. "El pueblo se volvió un estudio de caso de cómo las expresiones materiales de duelo pueden representar más un obstáculo que una ayuda para recuperarse", concluye el periódico.

Muchas organizaciones utilizan con frecuencia lo reciente e intenso de los desastres, ya sean naturales o por la mano del hombre, para crear el tirón emocional que se requiere y generar contribuciones caritativas. Tales peticiones funcionan con frecuencia y las donaciones comienzan a fluir.

De forma intuitiva, queremos ofrecer sanación y crear a la vez una conexión emocional con las víctimas.

Sin embargo, **reaccionar emocionalmente ante los desastres más inmediatos quizá no sea la mejor forma de invertir el dinero que destinamos para la caridad.** Después de reflexionar un poco más y emplear nuestro sistema 2, podemos reconocer formas más efectivas de ayudar sin importar que donemos una cantidad grande o pequeña.

Hacia un altruismo más efectivo

Imaginemos qué pasaría si a fin de año te pones a pensar quién debería recibir el dinero que donarás el próximo año. Si ya lo haces, te felicito. Quizá comiences con algunas metas o principios basados en tus valores personales. Un inicio sería contribuir de forma tal que crees el mayor bien en el mundo.

Para hacerlo, decides que tus donaciones deben ir a organizaciones que utilicen el dinero de forma eficiente y efectiva. Tus instintos igualitarios también te motivan a que lo des sin discriminar a ningún grupo de personas. Tal vez también seas congruente con la noción utilitarista de valorar por igual el dolor de todos los seres sintientes del mundo y te interese reducir el sufrimiento animal y humano.

Estas metas se encuentran en el núcleo del altruismo efectivo, un movimiento social en rápido crecimiento que busca aplicar la evidencia y la razón para determinar las formas más efectivas de mejorar el mundo. El altruismo efectivo nos obliga a pensar en todas las consecuencias de nuestros actos y hacer que nuestras contribuciones caritativas tengan un impacto más positivo. El movimiento tiene sus raíces en el utilitarismo, pero no se apega de forma rígida a ninguna perspectiva filosófica en específico, sino que simplemente sigue el objetivo de tomar decisiones filantrópicas mejores y más efectivas. Sería imposible para la mayoría de nosotros valorar si somos altruistas efectivos, ya que no se trata de una simple respuesta de sí o no, sino que el mundo debería ser mejor si intentamos dar mejores resultados al decidir sobre nuestros actos caritativos.

A diferencia del utilitarismo puro, que específicamente se enfoca en qué sería lo óptimo para que el mundo sea un lugar mejor, **el altruismo efectivo simplemente se enfoca en ser mejores.** Guía a las personas en una dirección utilitarista sin esperar una conducta meramente utilitarista. Esto incluye motivar a las personas a donar más de lo que donan actualmente, a comprometerse mientras aún son jóvenes para dar más de sus ingresos conforme ganen más y a donar de formas con un mayor impacto positivo en el mundo.

Si bien Peter Singer es sin lugar a duda el héroe de este movimiento, la filosofía no es su estandarte. El movimiento se muestra muy entusiasta por aprovechar la mejor información disponible (incluidas pruebas de control aleatorias) para descubrir dónde pueden generar más impacto los contribuyentes. Con frecuencia generan polémica al concluir que las donaciones crean un beneficio mucho mayor en países pobres lejos de Estados Unidos y otras naciones no occidentales.

Con base en rigurosos análisis, el altruismo efectivo afirma que algunas organizaciones de caridad son más efectivas que otras y buscan identificar aquellas que crean el mayor bien posible con determinada cantidad de dinero. Y valora el impacto en métricas muy técnicas como los "años de vida ajustados por calidad" (AVAC, donde se mide la cantidad y la calidad de vida) que se ahorran por cada dólar.

Entonces, imagina que muchas organizaciones buscan salvar vidas y tú necesitas saber cuál salva más vidas por dólar donado. Sin embargo, es obvio que haya personas que se espera les quedan más años por vivir que a otras y también nos importa medir la calidad de vida durante esos años. Calcular la cantidad de AVAC que puede salvar cada una de las organizaciones a partir de la misma contribución es una forma lógica de comparar la efectividad, cosa que este movimiento altruista nos alienta a hacer.

No necesitas adoptar la filosofía utilitarista para formar parte del movimiento del altruismo efectivo. **No se espera que seas un utilitarista perfecto, ya que nadie puede serlo. Solo debes enfocarte en generar un beneficio mayor con tus donaciones.**

Aunque el altruismo efectivo es un nuevo movimiento joven y audaz, continúa representando solo una parte pequeña del mundo filantrópico. Está dominado por personas muy jóvenes. Piensa en uno de los héroes del movimiento, Ian Ross, a quien Peter Singer ha descrito como "el ejemplo más notable de una vida comprometida con dar el máximo".

Ross obtuvo un doctorado en Lingüística por la Universidad de Pensilvania y actualmente colabora con el equipo de análisis de productos de Facebook. Se rige a partir de una estrategia que llama "ganar para dar" y se ha comprometido a reducir el sufrimiento animal extremo durante su vida. Con este fin, va más allá de los principios básicos del veganismo y su lógica moral dicta que cada uno de nosotros es responsable de lo que hacemos y de lo que no hacemos.

Mientras trabajaba para grandes corporaciones, fue asesor fundador de Hampton Creek Foods (rebautizado como Just Foods), una empresa dedicada a producir sustitutos de huevo a base de plantas que ya ha mostrado resultados en la reducción de la demanda de este producto. En 2014, Ross donó más del 95% de sus ingresos, 400 mil dólares libres de impuestos, a organizaciones benéficas.

Afirmó que, al vivir solo en San Francisco, podía tener un estilo de vida cómodo con un presupuesto anual de 9 mil dólares. En 2016, en una conferencia de altruismo efectivo en el MIT, dijo que ganaba un poco menos de 500 mil dólares y vivía con 10 mil al año, incluyendo ya su alquiler mensual de 400 dólares. ¡En San Francisco! Probablemente sea el practicante más extremo de la idea de "ganar para dar".

De vez en cuando lo asaltan en su vecindario de bajo costo, pero él lo ve como un pequeño precio para alcanzar una vida efectivamente altruista. Además, tampoco lo piensa como un sacrificio, sino que solo se piensa a sí mismo como un recipiente para reducir el sufrimiento animal tanto como sea posible.

Admiro a Ian Ross pero no aspiro tener su estilo de vida y me pregunto si él realmente representa el mejor ejemplo del altruismo efectivo. Mucha evidencia de la literatura sobre cómo fijar objetivos sugiere que **las metas más efectivas son aquellas que se perciben como retadoras, mas no imposibles o descabelladas.** Ian Ross quizá ve su estilo de vida como placentero, pero para muchos puede no parecer muy razonable o siquiera posible. Por lo tanto, quizá muchas personas rechacen el utilitarismo puro como guía para su comportamiento, pues parece demandar demasiado sacrificio.

Sin embargo, una alternativa puede ser convencer a la gente de aceptar en un sentido amplio los principios que subyacen al utilitarismo, identificar las barreras más comunes que les impiden actuar de forma puramente utilitarista y luego explorar una mejor alternativa.

Una crítica corta de miras

Muchas organizaciones que actúan como vigilantes se autoasignan la tarea de evaluar la eficiencia de las organizaciones de caridad para ayudar a las personas a maximizar el impacto de sus donaciones.

Charity Navigator, por ejemplo, muestra un particular desdén por los altos gastos generales. Tiene como objetivo "promover un mercado filantrópico más eficiente y receptivo en el que los donantes y las organizaciones a las que apoyan trabajen en conjunto para superar los desafíos más persistentes en nuestra nación y el mundo".

Muchas personas consideran que contribuir a la caridad es una tarea muy personal. Algunos críticos han acusado al altruismo efectivo, y a los grupos como Charity Navigator, de ser paternalistas e ignorar el corazón y las emociones profundas que con frecuencia rodean la acción de dar, al proclamar con arrogancia que ellos conocen la forma "correcta" de ayudar.

No es de sorprender que los términos que utilizan estas organizaciones como "donación inteligente" puedan ofender a la gente y, por supuesto, muchas organizaciones que no son bien vistas por estos guardianes no aprecian mucho su perspectiva. Los altruistas efectivos responderían que si bien **las emociones pueden ser la razón de que demos nuestro dinero, limitan la efectividad de lo que damos.**

Siendo que el altruismo efectivo y las organizaciones que actúan como perros guardianes de la caridad parecen compartir el mismo objetivo de maximizar la eficiencia, me sorprendí bastante cuando leí un artículo en 2013 en el Standford Innovation Review donde Ken Berger, el presidente de Charity Navigator, y Robert M. Penna, un consultor de dicha organización, atacaban con malicia el altruismo efectivo y lo llamaban "altruismo defectivo".

Los autores se habían ofendido por la pretensión del altruismo efectivo de valorar qué genera mayor bien entre los diferentes ámbitos que abarca la caridad (por ejemplo, la educación versus el hambre). Esto conlleva a asumir que el sufrimiento y el placer se pueden comparar y medir. Ambos acusaron al joven movimiento de ser "un acercamiento descendente a la filantropía moralista e hiperracionalizado".

Generalmente, el altruismo efectivo, Charity Navigator y otros movimientos y organizaciones que buscan ser una guía para los donantes, hacen más bien que mal. Asimismo, estas organizaciones pueden cosechar lo mejor de lo que hemos aprendido en psicología y economía conductual para impulsar a las personas a reducir su dolor y maximizar su placer. Pueden ayudarnos a hacer mejores intercambios al hacer concesiones en el impacto que podemos tener a través de diferentes vías para donar a la caridad.

Sin embargo, cuando las organizaciones en la comunidad filantrópica denigran otros movimientos positivos o a contribuyentes generosos, hacen que la filantropía sea menos atractiva como conjunto. Al atacar lo que hace bien el movimiento del altruismo efectivo, Charity Navigator destruye beneficio dirigido para el mundo. El sitio web ofrece consejos útiles, pero el criticismo por parte de sus fundadores es costoso. Pueden hacerlo mucho mejor.

RECUERDA:

Las donaciones en efectivo generalmente tienen más sentido y se necesitan mucho más que los abrigos de invierno. El dinero es útil, puede gastarse en lo que sea que se necesite y utilizarse potencialmente para aliviar el dolor en donde sea.

Mis puntos de vista sobre la filantropía

Para dejar las cosas en claro, yo soy más un defensor de la eficiencia que de los bajos gastos generales que promueve Charity Navigator. De igual forma apoyo los buenos resultados y otras metas expuestas por los altruistas efectivos. Aquí presento algunas de las pautas que apoyo al momento de hacer donaciones caritativas:

- **La gente tiene el derecho a donar como lo prefiera.** Debido a que hablamos de donaciones voluntarias y no de impuestos, necesitamos aceptar que las personas tienen el derecho a decidir si quieren donar o no parte de sus fondos y dónde hacerlo.
- **La deliberación lleva a resultados más inteligentes que la intuición.** Más allá del mundo de la caridad, existe amplia evidencia de que **las personas eligen mejor cuando utilizan el pensamiento deliberativo en vez de seguir sus instintos más viscerales.** El sistema 2 conlleva a decisiones más sabias que el 1, en el ámbito de la filantropía esto se traduce en la creación de más beneficio.

- **La información bien organizada es extremadamente útil.** Debido a que todos nosotros estamos avasallados con la información, organizarla de forma que nos permita entender las características de distintas organizaciones caritativas y cómo se comparan puede ser de gran ayuda.

Caridades efectivas

Todas las personas tienen ideas distintas sobre cuál es el mejor destino para sus donaciones. El altruismo efectivo alcanza algunas conclusiones con base en sus valores. Se enfocan en problemas de gran escala (aquellos que afectan de forma significativa la vida de muchas personas) y que pueden resolverse. Es decir, esos en los que nuestras contribuciones pueden hacer una diferencia substancial. El altruismo efectivo también favorece a las organizaciones que han comprobado ser efectivas al salvar vidas y aliviando el sufrimiento, tanto humano como animal.

Por su parte, este joven movimiento también cree que puede tener un mayor impacto en los problemas que han sido ignorados. Por ejemplo, muchas organizaciones y filantropías se enfocan en el gran problema de encontrar la cura para el cáncer, pero en comparación, se han ignorado enfermedades como la malaria. Por lo tanto, los altruistas efectivos concluyen que nuestras contribuciones pueden salvar más vidas cuando se destinan a salvar la malaria en vez del cáncer. En resumen, estos valores llevan a identificar tres categorías donde nuestras contribuciones pueden reducir grandes cantidades de sufrimiento.

En primer lugar, **las organizaciones que se dedican a combatir la pobreza extrema en los países más necesitados pueden reducir enormemente el sufrimiento.** Existe gran evidencia en economía del desarrollo que prueba la efectividad de diferentes intervenciones. Muchas enfermedades que matan a millones de personas cada año, como la malaria y los parásitos, son fáciles de prevenir.

De manera similar, la desnutrición en los países pobres produce muchas enfermedades que podrían evitarse. Todo este sufrimiento es relativamente fácil de combatir. Incluso, transferir dinero a personas en extrema pobreza es una manera de ayudar con una gran relación costo-beneficio.

Give-Directly distribuye dinero de forma directa a quienes más lo necesitan con muy pocos costos administrativos.

Ya han distribuido millones de dólares entre 20 mil personas de 197 aldeas distintas. Give-Directly es consistente con los valores del altruismo efectivo y estudia de forma activa y directa los resultados tangibles de su ayuda, con el tiempo, esto les permite ser tener mejores resultados.

GiveWell es una organización que, como ya mencioné, ofrece datos duros para asegurarnos de que nuestro dinero produce el mayor bien posible. Determina cuáles son las organizaciones más efectivas a partir de la estimación del costo de los años de vida esperada que salvan. Este es el tipo de lógica imperante entre la comunidad del altruismo efectivo y lleva a los altruistas efectivos a enfocarse más en producir mosquiteros que medicinas contra el paludismo. Sin embargo, incluso las medicinas serían más rentables en términos de beneficio que prácticamente cualquier otro esfuerzo caritativo enfocado en economías en desarrollo.

En segundo lugar, en relación con el tipo de tribalismo que discutimos en el capítulo 6, muchos miembros de la comunidad de altruistas efectivos se identifican con el bienestar animal y sostienen que si valoramos el sufrimiento animal igual que el humano, podemos reducir más sufrimiento al enfocarnos en el bienestar animal. Esto no es lo mismo que argumentar que un insecto es tan importante como un humano, ya que los humanos tenemos más capacidad de sentir placer y dolor.

Al principio de este ensayo, describí una conferencia de Bruce Friederich, fundador del Instituto Good Food, que cambió mi manera de concebir la filantropía, mis inversiones y mi consumo de forma substancial. Si bien este organismo es una institución de caridad, está conectada con grupos de inversionistas que fondean alternativas al consumo de carne. Más allá de donar para reducir el sufrimiento animal, invertir en este tipo de opciones o consumir este tipo de productos son estrategias alternativas que nos permiten crear beneficio.

En tercer lugar, los altruistas efectivos se preocupan también por las generaciones futuras. El número de personas que existirán es probablemente mucho mayor al número de personas que existen ahora. **El altruismo efectivo considera que estas personas cuentan y que deberíamos valorar su dolor y placer igual que el propio.** No obstante, con frecuencia no somos capaces de pensar en nuestros bisnietos. Nos parecen muy lejanos.

¿Qué podemos hacer para que nuestras donaciones contribuyan al bienestar de las próximas generaciones? Existen muchas respuestas especulativas y, debido a los diferentes intereses científicos y a las distintas experiencias que existen entre los miembros del movimiento del altruismo efectivo, hay varias conclusiones. Sin embargo, dentro de la comunidad científica, la mayoría concuerda en que una forma eficaz de mejorar el bienestar para las generaciones venideras es prestar mucha más atención a la crisis del cambio climático.

Si bien esto tiende a ser más una cuestión de toma de decisiones políticas que de caridad, hay muchas organizaciones enfocadas en enfrentar esta problemática.

RECUERDA:

El altruismo efectivo nos obliga a pensar en todas las consecuencias de nuestros actos y hacer que nuestras contribuciones caritativas tengan un impacto más positivo. Sigue el objetivo de tomar decisiones filantrópicas mejores y más efectivas.

PARTE II • CAPÍTULO 9

Hacia una filantropía más sabia, más allá de nuestras barreras

Nuestras emociones desempeñan un papel fundamental cuando nos sentimos motivados a ayudar a otros. Si alguna vez consideraste hacer una donación después de haber visto una petición sincera de GoFundMe en Facebook, o fotos de perros y gatos sufriendo en algún anuncio, sin duda sabes de lo que estoy hablando.

Incluso si crees enteramente en la perspectiva del altruismo efectivo, por el bien de las relaciones sociales, puedes financiar la participación de tu amiga en una carrera benéfica y sentirte bien al respecto, sin importar que no sea la forma de filantropía más efectiva. Sin embargo, **es importante no olvidar que podemos sacar menos provecho de nuestras donaciones cuando nos dejamos guiar por la emoción.**

Imagínate que estás recaudando fondos para dos organizaciones distintas. La primera trabaja para una población muy necesitada, pero lo hace de forma ineficiente, tienen un gasto general elevado y muy poco dinero termina en las manos de los beneficiarios. Sin embargo, cuenta con historias de éxito increíbles en su publicidad y aquellos que reciben el beneficio son personas identificables y cercanas.

Por su parte, la segunda organización representa lo opuesto: tiene un buen desempeño en las escalas del altruismo efectivo, genera un alto valor por el dinero donado, es muy efectiva y ayuda a personas que están del otro lado del mar. Además, los beneficiarios no son visibles para los donadores.

Ahora, imagínate que envías a los posibles donadores un mensaje emocional (como un video resaltando el sufrimiento de una persona específica) o un mensaje racional (como información sobre la magnitud de bien que genera cada contribución) por cada organización. ¿Qué tipo de mensaje enviarías?

Si tu idea es reunir dinero para la primera organización, las investigaciones sugieren que debes enfocarte en enviar un mensaje emocional. Muchas instituciones benéficas apelan a las emociones de las personas para compensar una propuesta de valor poco convincente. Por el contrario, si tus servicios tienen buenos resultados y son eficientes, te interesará más transmitir un mensaje cognitivo para que las personas recurran a su inteligencia activa. Básicamente, si tienes grandes historias, pero una propuesta de valor no es tan competente, buscas una respuesta emocional en las personas. Mientras que, si tu propuesta de valor es mayor, querrás que la gente se comprometa de forma más deliberada.

Esa es la perspectiva de las organizaciones. Ahora, volvamos al papel del posible donador que desea tener tanto impacto como sea posible con su dinero. Deberías intentar echar a andar tu inteligencia activa e identificar organizaciones que hayan hecho concesiones inteligentes en lo que persiguen con sus limitados fondos y sean honestas y transparentes.

Aquí hay algunas recomendaciones específicas. Primero, piensa en tus objetivos generales ¿qué te gustaría lograr con tus contribuciones? Este paso puede sonar obvio, pero muchas personas inteligentes se lo saltan. He notado **que el altruismo efectivo se inclina por hacer el mayor bien posible con base en los resultados** y al valorar los intereses de todos por igual.

Sin embargo, quizá quieras hacer algunos ajustes en caso de que rechaces algunos aspectos de la lógica utilitarista. Por ejemplo, quizá no te importa tanto el sufrimiento animal como el humano o quizá sientas una obligación particular hacia una tribu a la que perteneces (como una institución religiosa o tu *alma mater*).

La lógica utilitarista central se puede ajustar a tus valores específicos. En lo personal, tomo mis decisiones de carácter filantrópico junto con mi esposa y sus preferencias con frecuencia no coinciden con las organizaciones preferidas de los altruistas efectivos.

No obstante, sí pensamos en la efectividad de las organizaciones que consideramos, nos hemos orientado por las organizaciones que ofrecen mejores resultados y continuamos en el camino de donar cada vez un porcentaje mayor de nuestros ingresos.

También es útil ver en qué parte tu intuición no coincide con los consejos del altruismo efectivo o con tu propio análisis más deliberativo. Quizá termines revisando las organizaciones a las que donaste el último año y pensando por qué lo hiciste. En retrospectiva, ¿querrías destinar ahí tu dinero? Esto te da la oportunidad de comparar tus preferencias intuitivas del sistema 1 con tus preferencias deliberativas del sistema 2 y actualizar lo que realmente consideras una estrategia filantrópica sensata.

Después de todo, tu parte emocional podría tener un mensaje importante que debes escuchar. ¿Cómo deberías resolver cualquier discrepancia que surja? El altruismo efectivo ciertamente prefiere los análisis cognitivos más que los emocionales. ¿No estás listo para aceptar esto? Quizás podría beneficiarse de un análisis paralelo de uno de los científicos de decisiones más importantes que jamás haya existido, Howard Raiffa.

Según una historia muy conocida, Raiffa se encontraba en la facultad de Columbia cuando recibió una oferta de Harvard. Así que se reunió con el decano de Columbia, que también era su amigo, y le pidió su consejo.

Este, intentando ser gracioso, citó los trabajos de Raiffa sobre análisis de decisiones y sugirió que debía seleccionar los criterios relevantes, ponderar cada criterio, calificar cada escuela de acuerdo con cada uno, sacar los cálculos, ver qué escuela tenía la mejor puntuación general e ir allí (muy parecido a cómo los altruistas efectivos evalúan las organizaciones benéficas). Supuestamente, Raiffa respondió: "¡No, esta es una decisión seria!".

Sin embargo, gracias a que el protagonista de la historia fue mi amigo y mentor informal hasta su muerte, muchas veces me dijo que disfrutaba de esta anécdota, pero que simplemente no era verdad.

No obstante, también argumentaba que **cuando la intuición y la deliberación chocan, es prudente considerar si tus emociones te están brindando información que debería ser parte de tu proceso de toma de decisiones** más deliberativo y usar esa deliberación para ver cómo tu sentir puede alejarte de tus metas a largo plazo.

En términos filantrópicos, este contraste también te permite examinar tus decisiones con el fin de liberarlas de aquellos sesgos relacionados con un manto de esplendor, el deseo de ser reconocido y la lealtad a tu tribu. Creo que este es un gran consejo para aquellos que no están preparados para respaldar plenamente los objetivos del altruismo efectivo.

Para alcanzar una claridad aún mayor, puedes intentar pensar a través de las decisiones que tomarías bajo el llamado velo de la ignorancia.

Es decir, debes elegir como si no conocieras cuál es tu tribu, nivel económico o nacionalidad. Hacer esto puede ayudarte a saber si tu identidad puede estar sesgando tu plan filantrópico.

Por último, puedes planear tus donaciones de manera tal que obtengas mejores resultados. Existen dos formas comunes de programar donaciones. La primera consiste en atender y considerar muchas de las solicitudes de donación que vamos recibiendo conforme aparecen durante el año: en el correo, en los medios, en la iglesia los domingos, en la mochila de tu hijo, etc.

La segunda es que sentarnos periódicamente a pensar en nuestros patrones de donación. Admito que yo utilizo ambos procesos. Sin embargo, la evidencia es clara y consistente. Cuando pensamos en todas las organizaciones a las que hemos donado, el tipo de proceso de nuestra toma de decisiones conjunta que exploramos en el capítulo 2, involucramos mejor nuestra inteligencia activa y esta nos impulsa a tomar decisiones más racionales y nos ayuda a crear más valor.

Considerar de forma secuencial las beneficencias tal como se nos presentan a lo largo del año hace que nos enfoquemos en las emociones, mientras que comparar diferentes organizaciones conduce a una deliberación lógica. Por lo tanto, debemos esforzarnos por no actuar tan rápido y reflexionar ante las solicitudes extraordinarias que aparecen en nuestra bandeja de entrada o buzón. Y también intentar sentarnos con más frecuencia a considerar nuestros objetivos y decisiones filantrópicos a detalle.

Este capítulo concluye nuestra exploración de cuatro dominios (equidad, desperdicio, tiempo y filantropía), en los que pudimos considerar diferentes estrategias para generar más valor. Los últimos dos capítulos se enfocarán en desarrollar un plan de acción para incrementar tu habilidad de crear valor e influenciar las elecciones de otros para bien.

PARTE III

Creando más beneficios para ti y el mundo

CAPÍTULO 10

Multiplicar la creación de beneficio a través de otros

MUCHOS INVESTIGADORES SOSTIENEN QUE DESPUÉS DE QUE LAS PERSONAS CONSIGUEN CIERTO NIVEL DE BIENESTAR, LA RIQUEZA ADICIONAL NO LOS HACE MÁS FELICES. SIN EMBARGO, EN UN ESTUDIO CONVINCENTE Y RIGUROSO, LOS ECONOMISTAS BETSY STEVENSON Y JUSTIN WOLFERS DESAPRUEBAN ESTO Y AFIRMAN QUE LA RIQUEZA ADICIONAL SÍ CONTRIBUYE A LA FELICIDAD Y LO HACE DE FORMA CONSISTENTE. VEN UNA RELACIÓN GEOMÉTRICA MÁS QUE ARITMÉTICA EN SU ESTUDIO DE LOS CIUDADANOS DE LAS 25 NACIONES MÁS POBLADAS DEL MUNDO.

Esto significa que duplicar el ingreso de una persona incrementa la felicidad en el mismo grado sin importar que se trate de ganar mil, 10 mil o 100 mil dólares más al año. Esto significa que un aumento en el salario de mil a dos mil dólares produce el mismo incremento de felicidad que un aumento de 100 mil a 200 mil.

Con base en este estudio y los escritos de Peter Singer relacionados con el tema, el filósofo de Oxford, William MacAskill, explica que existe una estrategia bastante sencilla que incluso las personas con presupuestos módicos en países en vías de desarrollo pueden seguir para generar más felicidad en el mundo: dar a aquellos que tienen mayor necesidad.

Actuar de esta forma lleva a lo que MacAskill llama "el multiplicador 100 x". De acuerdo con su estimado, los recursos provenientes de los países con las economías más desarrolladas pueden hacer un bien cien veces mayor al ayudar a los más pobres en la Tierra que al invertir en sí mismas. MacAskill calcula, a partir de su propio y modesto salario, que la cantidad de beneficio que las personas más pobres en el mundo obtendrían de un dólar es el mismo que MacAskill obtendría de 100 dólares.

A lo largo del libro, hemos revisado la gráfica del capítulo 3 donde vemos cómo podemos crear más beneficio para nosotros y para el mundo. Como ya hemos visto, el eje horizontal tiene mucho más de ancho de lo que el eje vertical tiene de alto. Esto sucede porque **nuestros comportamientos éticos tienen el potencial de generar un bien mayor para otros en comparación con el costo que nos representan.**

Sin embargo, la investigación de Stevenson y Wolfer, y el análisis de MacAskill, sostienen que si esta gráfica fuera del todo precisa, el eje horizontal se saldría de la página y tendría cien veces el ancho de lo que el eje vertical tiene de alto, de lo contrario, no podría representar el aumento real que se da en el beneficio acumulativo al renunciar al beneficio propio en pro de un cambio positivo más drástico para los demás. Esto significa que, al renunciar a una cantidad muy pequeña de beneficio para ti, puedes crear un beneficio enorme para los demás.

Transferir nuestros bienes a aquellos que más los necesitan es solo una de muchas estrategias que podemos seguir para generar más de estos increíbles multiplicadores. Como veremos, otros incluyen probar rigurosamente nuevas ideas, desplazarse hacia el sistema 2 de pensamiento para tomar decisiones importantes y afectar las decisiones de otros.

El imperativo moral de experimentar

La mayoría de nosotros estamos familiarizados con ensayos clínicos en el sector médico. Por ejemplo, cuando una farmacéutica tiene la creencia bien sustentada de que ha desarrollado una medicina para tratar de manera efectiva una enfermedad, el gobierno de Estados Unidos le exige que realice una serie de tareas para evitar que productos dañinos entren al mercado, entre las que se incluye realizar ensayos comparativos aleatorios para evaluar la efectividad del fármaco. Si bien, muchas personas utilizan la palabra *experimento* cuando quieren decir "intentar algo nuevo", para los científicos tiene una definición mucho más específica.

Ronald Fisher desarrolló la noción moderna de experimento en 1925. La meta de los experimentos continúa siendo la misma: descubrir qué funciona de forma científica y encontrar una inferencia causal. En años recientes, los experimentos de campo (experimentos rigurosos y controlados realizados por organizaciones reales y otros entornos del mundo) se han vuelto muy populares en la economía del desarrollo, el sector tecnológico y el gobierno. Los experimentos ofrecen una herramienta crítica para encontrar los mejores multiplicadores de bienestar.

La esencia de un experimento consiste en crear dos grupos de forma aleatoria y tratarlos distinto en una variable y luego comparar las respuestas medidas. El grupo experimental recibe la intervención que está siendo valorada, mientras que el grupo de control recibe una condición alternativa como puede ser la no intervención. Por lo tanto, en un experimento farmacéutico, el grupo en tratamiento toma la medicina real y el grupo de control un placebo. Nadie sabe qué es lo que está recibiendo.

Solo en el nuevo milenio hemos podido ver el desarrollo de experimentos reales hasta convertirse en procesos comunes y visibles en las diferentes industrias. Todo con el objetivo de descubrir qué funciona.

Pese al poder de los experimentos, muchas organizaciones prueban ideas nuevas sin una condición de control y, posteriormente, valoran de forma subjetiva si funcionó o no. Muchas veces se presentan sesgos que se inclinan a detectar cambios positivos cuando en realidad el cambio fue muy poco o nulo.

Sin experimentos, la tarea de realizar inferencias muy difíciles para descubrir si funcionan nuevas ideas, así como la magnitud de sus efectos, se torna muy complicada y proclive al error. Los experimentos son criterios de oro para descubrir qué y cuántas intervenciones de impacto se requieren.

Sin embargo, los experimentos también han recibido muchas críticas en años recientes. Cuando Facebook realizó experimentos que manipulaban las emociones de los usuarios, muchos se indignaron. Algunas personas, también los ven como paternalistas. La vena libertaria que recorre gran parte de Estados Unidos se ve reducida ante cualquier intento de manipulación, en especial si detrás están las entidades de gobierno.

Otra crítica más mundana de los experimentos cae en la categoría "aversión a los experimentos", pues la gente teme convertirse en conejillos de indias. Muchas personas tienen una aversión intuitiva, perteneciente al sistema 1, de ser el sujeto de una experimentación.

Por su parte, el sistema 2 generalmente hace ver lo siguiente.

- Probar ideas nuevas es bueno.
- Ayuda a pensar de forma sistemática qué tiene sentido probar y cómo hacerlo.
- Es inteligente probar ideas nuevas en un grupo relativamente pequeño, en lugar de lanzar una idea que afectará a muchos sin probarla.

Juntos, estos procesos lógicos de pensamiento sugieren que realizar experimentos ofrecen beneficios generales. **La experimentación simplemente es un método para intentar nuevas ideas de forma esquemática.** Además, también es un componente activo del movimiento del altruismo efectivo.

GiveWell señala los problemas que causa confiar en la información egoísta y sesgada de las organizaciones caritativas y concluye que los experimentos académicos suelen ofrecer mejores respuestas. Los académicos tienen menos motivación que los líderes organizacionales de producir información sesgada y el proceso de revisión de pares necesario en este sector contribuye a garantizar evidencia de gran calidad. La precisión del método experimental también añade protección.

Sin embargo, no todos están convencidos. Peter Singer cita a Elizabeth Bintliff, la vicepresidente de los programas Heifer International en África, cuyas organizaciones no son bien vistas por los criterios de los altruistas efectivos, diciendo: "Nosotros no somos asunto de experimentación. Estas son las vidas de personas reales y debemos entender que lo que creemos es correcto. No podemos experimentar con la vida de la gente. Simplemente son... personas. Es muy importante".

Por supuesto que es importante. Es precisamente porque las vidas importan que necesitamos la mejor evidencia disponible y esta puede ser obtenida a través de experimentos. Dicho de manera más contundente: si queremos hacer todo el bien que podamos, tenemos el imperativo moral de experimentar.

Al igual que las habilidades aritméticas y analíticas, los experimentos en las manos equivocadas pueden causar daño, pero para aquellos de nosotros que queremos hacer más el bien, los experimentos son una herramienta útil. En general, el movimiento de altruismo efectivo y los escritos de MacAskill han hecho un gran trabajo al resaltar cómo la filantropía puede tener un multiplicador dramático en la efectividad de sus donaciones cuando está impulsada por el pensamiento deliberativo y la evidencia.

RECUERDA:

El concepto "multiplicador 100 x" se refiere a cómo los recursos provenientes de los países con las economías más desarrolladas pueden hacer un bien 100 veces mayor al ayudar a los más pobres en la Tierra que al invertir en sí mismas.

Multiplicar al impulsar a otros

Muchos de nosotros somos responsables no solo de nuestras decisiones, sino también de las decisiones de otros. Podemos ejercer influencia al crear sistemas motivacionales, guiar a la gente y alternar los ambientes donde se toman esas decisiones. A esto se le conoce como arquitectura de decisiones o pequeño empujón, concepto introducido por Richard Thaler y Cass Sunstein en su libro *Un pequeño empujón* en 2008.

Con base en el trabajo de psicólogos como Kahneman, Tversky, Cialdini y otros, el libro destaca que, si bien sabemos poco acerca de cómo eliminar nuestras imperfecciones cognitivas, entendemos la cognición humana lo suficiente como para poder rediseñar la "arquitectura" que rodea nuestras elecciones, con el fin de que las personas tomen decisiones más sensatas.

Un ejemplo clásico es alentar la conducta deseada al cambiar la elección por defecto que enfrentan las personas que toman una decisión. Las opciones por defecto son cursos de acción predeterminados que entran en vigor si la persona que decide no toma ninguna acción de forma proactiva: firmamos contratos estándar, usamos el navegador web que viene preinstalado en nuestra computadora. Muchas personas, por ejemplo, también aceptan el programa de jubilación que les ofrece su jefe sin pensar qué tendría más sentido para ellos. **El hecho de que las predeterminaciones influencian nuestras decisiones y nuestras vidas parece obvio, sin embargo, tienen mucha más importancia de la que nuestra intuición sugiere.**

Un ejemplo cásico del poder de las predeterminaciones lo encontramos en la donación de órganos. En muchos estados, los ciudadanos estadounidenses pueden elegir si aceptan convertirse en donadores de órganos al solicitar una licencia de conducir u otra identificación.

En estos estados, no estás en el sistema de donación de organizaciones a menos que elijas hacerlo de forma activa, ese es el valor predeterminado. ¿Qué pasaría si tu estado te inscribiera automáticamente en el sistema de donación a menos que optaras por no participar? Al estudiar las políticas y las tasas de donación de órganos en once países europeos, los psicólogos Eric Johnson y Dan Goldstein descubrieron que los cuatro países con sistemas de inclusión voluntaria tenían tasas de donación de órganos de entre el 4 y el 28%, mientras que los siete países restantes con sistemas de exclusión voluntaria tenían tasas de donación de entre el 86 y el 100%. Si nuestro objetivo principal es salvar la mayor cantidad de vidas posible, las políticas de exclusión voluntaria son claramente superiores a las de inclusión voluntaria.

Los pequeños empujones no son los únicos que te permiten influenciar a una gran cantidad de personas a ser mejores, pero es una estrategia con una gran relación costo-beneficio. Shlomo Benartzi, John Beshears, Katy Milkman y sus colegas comparan el costo y el beneficio de esta técnica del pequeño empujón para incrementar los ahorros del retiro, las matrículas en educación superior, la conservación de la energía y lograr que las personas se vacunen con un gran número de estrategias alternativas. **La evidencia muestra que el pequeño empujón es un gran multiplicador en nuestra capacidad de hacer el bien.**

Las llamadas unidades de empuje utilizan la arquitectura de toma de decisiones para crear beneficio en todo el mundo. El Equipo de Introspección Conductual (BIT, por sus siglas en inglés) de Reino Unido, el primero en su tipo, ha utilizado varios de sus hallazgos en ciencia conductual para mejorar muchos cambios de políticas, que han tenido buenos resultados económicos, además de haber resultado muy populares.

El BIT ha completado cerca de mil experimentos de campo, todos con el objetivo de utilizar el pensamiento psicológico y la experimentación para demostrar mejores formas de dirigir el gobierno. Han mejorado la asistencia en las escuelas, diversificado la forma de reclutar fuerzas policiacas y reducido el número de personas que no se presentan a sus citas con el médico.

Prácticamente cualquiera en una posición de liderazgo puede valerse de la arquitectura de decisiones como herramienta para guiar a otros a elegir formas inteligentes de generar beneficio para sí mismos y la sociedad. En muchos casos, hacer cambios relativamente pequeños puede mejorar cientos, incluso miles de decisiones. Al hacerlo, multiplicamos nuestra habilidad de crear bien en el mundo.

Crear redes para dar

Marla, mi esposa, ha tenido muchas carreras (corporativas, académicas, de consultoría, de testigos expertos, en educación y defensa del consumidor, periodismo investigativo, blogs políticos y filantrópicos). Para ella, el movimiento del altruismo efectivo solo es convincente de manera parcial. Ha pasado tiempo con líderes académicos y profesionales en el mundo del altruismo efectivo, pero sus preferencias en opciones caritativas no coinciden con las de ellos.

No obstante, Marla es una multiplicadora. Muchas personas se ven influenciadas por sus puntos de vista. La gente se desvía para escuchar sus opiniones. Nuestra sala frecuentemente está llena de personas guiadas por las pasiones que contagia mi esposa.

Una de las cosas que le obsesiona a Marla es que conocemos a muchas personas a las que les va bien en la vida, pero que, desde su perspectiva, hacen muy poco por ayudar a los más necesitados. En este sentido ella coincide con MacAskill. Cuando nuestra sala está llena de personas, hace un maravilloso trabajo convenciéndolas de donar parte de lo que le sobra a cualquiera de las organizaciones que esté representando ese día.

Uno pensaría que, debido a esto, visitar nuestro hogar sería menos atractivo, sin embargo, es una persona con la que hablar es una experiencia cálida, audaz y divertida, esto contribuye sin duda a que cientos nos visiten todos los días.

De forma más oficial, como mencioné antes, Marla es la cofundadora de The Philanthropy Connection (TPC), cuya misión es inspirar a las mujeres a reunir fondos para apoyar a distintas organizaciones caritativas que trabajan con individuos y familias de bajos recursos en el estado de Massachusetts, Estados Unidos.

Marla creó TPC a partir de la idea de que las personas (específicamente, las mujeres) contribuirían más si conocieran mejor las necesidades de su comunidad y pudieran desarrollar, de forma más sencilla, conexiones personales con los líderes de las instituciones sin fines de lucro.

TPC sostiene que muchas mujeres están dispuestas y son capaces de contribuir más, pero no lo hacen, simplemente porque no se los piden o porque no tienen suficiente información que les garantice que su donación será bien empleada. Lo mismo puede decirse de los hombres, pero mi esposa eligió que su organización se enfocara en las mujeres.

Cada miembro paga mil 175 dólares al año. De esta cantidad, mil dólares se destinan para financiar distintas organizaciones a través de un proceso democrático. Los 175 dólares restantes se utilizan para gastos y eventos sociales que reúnen a la comunidad TPC (las miembros y las organizaciones que fondean). Además, las mujeres de TPC muchas veces multiplican su impacto al donar su tiempo a organizaciones sin fines de lucro que conocieron gracias a la asociación, participando en sus juntas directivas y haciendo donaciones más grandes.

Sin mencionar el impacto que tiene TPC en Silver Lining Mentoring (SLM), una organización sin fines de lucro que empodera a las personas jóvenes bajo cuidado tutelar para salir adelante mediante tutorías y el desarrollo de habilidades de vida esenciales. TPC donó 56 mil dólares a SLM mediante dos ciclos distintos de recaudación de fondos.

Más allá del apoyo directo, la exposición que recibió SLM gracias a TPC generó también donaciones individuales de más de 270 mil dólares, de acuerdo con Colby Swettberg, el dinámico exdirector de SLM (y ahora el CEO de su organización hermana, el Silver Lining Institute). SLM contrató a una miembro de TPC como director de desarrollo.

Por su parte, SLM también conoció a Anna Vouros gracias a TPC. La doctora Vouros, una médico general del Hospital de Massachusetts, estaba interesada en tener más contacto con la comunidad sin fines de lucro en Boston, pero su ocupado horario le impedía hacerlo. Se unió a TPC y así conoció SLM que, como organización, inspiró sus intereses filantrópicos.

Poco tiempo después se unió a la junta directiva, se convirtió en líder, trabajó para el comité de gestión de la organización, introdujo a SLM en su trabajo de pares, organizó eventos, reclutó a sus colegas y amigos para los eventos de recaudación y compró cosas en las subastas de recaudación (lanzó la primera oferta en Fenway Park). Además de ayudar a otros, la doctora Vouros se sentía satisfecha con esta actividad.

De tal forma que podemos decir que los efectos directos y secundarios de esta asociación de mujeres crean mucho bien, claramente. No obstante, desde la perspectiva de un altruista efectivo, el fondo que se distribuye no está haciendo tanto bien como podría. Después de todo, solo hace aportaciones a instituciones dentro del área metropolitana de Boston, a diferencia de lo que discutimos en el capítulo 9 sobre la afirmación del altruismo efectivo de que podemos multiplicar nuestro impacto al enviar nuestros fondos al otro lado del océano, donde el rendimiento es mejor. Sin embargo, Marla y TPC son multiplicadores de cualquier manera, quizá no por las causas específicas que fondean, sino por la transformación que suscitan en los donadores.

El altruismo efectivo motiva a los donadores a utilizar su deliberación cognitiva para identificar cómo es que los fondos pueden producir un bien mayor. Marla y TPC motivan la existencia de valoraciones claras y rigurosas en las operaciones de las fundaciones que consideran para fondear, pero también dan lugar a las conexiones emocionales que motivan a los miembros a dar y no dejar de hacerlo.

Es evidente que, sin esos vínculos, no es probable que la gente invierta su dinero para prevenir la malaria en África. Sin embargo, sí aumentan las posibilidades de que donen para ayudar a los niños de esta región. Al ofrecer conocimiento y conexiones sociales, Marla posee el poder único de liberar los deseos filantrópicos ocultos en las personas.

Al estar convencido por el movimiento del altruismo efectivo, obviamente se me ocurrió que TPC podría reunir dinero para causas más efectivas. Sin embargo, Marla contestaría, con justa razón, que la mayoría de los miembros de TPC no se sentirían conectadas con una organización que gasta la mayor parte de sus fondos en ayudar a personas a miles de kilómetros de distancia o para evitar el sufrimiento de los pollos. Marla se enfoca en multiplicar el número de contribuidores y no tanto los AVAD.

Enseñar tus valores

Cuando las personas se enteran de que enseño negociación, se imaginan que les enseño a las personas a obtener un buen precio o a hacer que otros hagan lo que ellos dicen. Es cierto que mi trabajo incluye algo de esto. Sin embargo, también hago algo que tiene mayor importancia: **les enseño a mis alumnos a pensar las decisiones de otros para entender sus necesidades y encontrar oportunidades de crear beneficio.**

Los estudiosos ven las negociaciones más complejas como una tensión entre la necesidad de crear valor y la necesidad de reclamarlo, como describí brevemente en el capítulo 3. Una de las principales formas en las que un maestro de negocios puede crear beneficio para el mundo es ayudar a cientos o miles de estudiantes a generar beneficio por ellos mismos, trascender su mentalidad del pastel rebanado e identificar soluciones creativas y benéficas para todas las partes.

Muchas veces los negociadores se sienten nerviosos de compartir información sobre sus intereses por miedo a que la otra parte utilice esta información para reclamar el beneficio. Sin embargo, compartir información es una parte importante para crear beneficio junto con tu contraparte. Como profesor, puedo influenciar a los estudiantes para que piensen en las ventajas de la creación de beneficios a largo plazo más que en la preocupación de perder el beneficio al momento de la reclamación. Durante el proceso, avanzamos en dirección a nuestra estrella guía que nos conduce hacia maximizar los efectos positivos para todos.

Más allá de la negociación, al igual que muchos otros profesores, debo tomar múltiples decisiones sobre qué enseñar y cómo hacerlo, estas elecciones pueden tener un impacto a largo plazo en mis estudiantes. Es mi responsabilidad decidir cuánto nos enfocaremos en las dimensiones éticas de los temas que doy.

Debido a que estoy enseñando y no predicando, debo elegir cuándo dar mi opinión de lo que constituye una decisión moral en una situación dada o puedo decidir si es prudente hablar sobre política cuando podría influenciar a mis alumnos a generar más beneficio. La mayoría de los maestros enfrentan esas decisiones y yo motivo a todos a que piensen en el beneficio que crean.

Los profesores también influenciamos los criterios de otros a partir de nuestra forma de conducirnos en la vida. ¿Encontramos tiempo para hablar con un estudiante que necesita un consejo? ¿Dedicamos cinco minutos de nuestro tiempo a un correo electrónico que ayudará a alguien que quizá nunca conoceremos? O, como plantea Dolly Chugh, ¿nos tomamos 30 segundos para aprender el nombre de uno de nuestros estudiantes y hacer que se sienta respetado y visto? **No solo podemos crear beneficios mediante nuestra forma de conducirnos, sino también como maestros, pues podemos crear normas que otros podrían seguir.**

Además de haber sido profesor de decenas de miles de estudiantes, también he estado muy involucrado en la formación de la próxima generación de investigadores en negociación, economía conductual y ética. He pasado miles de horas colaborando y orientando a un par de docenas de académicos asombrosos de la generación que me sucederá. Me hace feliz que mi amplio grupo de investigación sea una comunidad que se sabe en el negocio de la creación de beneficio. Estos profesores exitosos están prosperando y creando beneficios para el mundo.

Todd Rogers, profesor de la Escuela Harvard Kennedy, quizá haya hecho más que cualquier otra persona para que los adultos voten y los niños vayan a la escuela. Don Moore, profesor de la Escuela de Negocios Hass de Berkeley, autor de *La ciencia de confiar en ti* y coautor de *Judgment in Managerial Decision Making*, es un erudito muy importante en el estudio la toma de decisiones y cómo mejorarlas. Ann Tenbrunsel, profesora de Notre Dame, coautora de *El punto ciego*, es una de las más destacadas académicas en ética del comportamiento. Dolly Chugh, profesora de la Universidad de Nueva York, autora de *The Person You Mean to Be*, ha desafiado a más de cuatro millones de personas a vivir según sus estándares éticos (y obviamente ha influido en el tema de ser "mejor" de este libro).

Lamento alardear, pero tengo muchos otros discípulos que igualmente han hecho cosas asombrosas. Nuestra comunidad de académicos tiene una norma clara en relación con ayudar a los demás, sobre todo cuando el esfuerzo pequeño de una persona puede crear un gran beneficio para otra.

Es muy raro que estos miembros de la academia me den crédito por su éxito, me nominen para recibir premios halagadores o actúen como si yo me hubiese sacrificado por ellos. El secreto a voces es que no hubo sacrificio alguno al ser su mentor. Mi vida mejoró al trabajar con ellos. Esa es quizá la razón principal por la que pasé tanto tiempo haciendo este trabajo. Entre más hacía, más recibía y el mundo era mejor como resultado. Esta es la naturaleza de colaboraciones, enseñanza y guía exitosas. Además, es consistente con la investigación de Liz Dunn y Michael Norton que demuestra que donar dinero (yo también diría tiempo, aunque no lo probaron) es una estrategia muy efectiva para aumentar tu felicidad.

Todos somos maestros, no solo los que recibimos una paga por enseñar. Los padres son maestros, así como también lo son los entrenadores, mentores, políticos y gerentes. Cuando enseñamos, podemos influenciar en cómo crearán beneficio nuestros estudiantes durante las próximas décadas.

RECUERDA:

La arquitectura de las decisiones, o pequeño empujón, se refiere a la forma en la que podemos ejercer influencia en las elecciones de otros al crear sistemas motivacionales, guiar a la gente y alternar los ambientes donde se toman esas decisiones. Es una estrategia con una gran relación costo-beneficio.

PARTE III • CAPÍTULO 10

Tomar riesgos

En 1798, el clérigo y erudito inglés Thomas Malthus argumentó que la población humana crecería mucho más rápido que nuestra capacidad de crear suficiente comida para alimentar a todos y que, sin ninguna intervención, el mundo se dirigía hacia epidemias masivas, las muertes prematuras, la inanición y la guerra. O hacia lo que sus seguidores llamaban "la catástrofe maltusiana".

Sin embargo, aunque muchos eventos terribles han sucedido en los más de 200 años que han pasado desde esta predicción y, aunque la población humana ha crecido significativamente, aún no ha tenido lugar tal catástrofe. Malthus subestimó la capacidad humana de innovar y que la capacidad de emprender es al menos una parte de la razón por la que la sociedad se ha desarrollado.

El agrónomo estadounidense Norman Borlaug no es muy conocido, pero algunos le dan el crédito de haber evitado una crisis maltusiana y haber salvado miles de millones de vidas. Malthus asumió que nuestra producción de alimentos continuaría siendo lineal, sin embargo, durante la Revolución verde, periodo de desarrollo agrícola entre 1940 y finales de 1970, tuvieron lugar varias innovaciones en la agricultura como la alta producción de granos, algunas técnicas de manejo más modernas, la distribución de semillas híbridas y de fertilizantes sintéticos a los agricultores.

Borlaug desarrolló una planta híbrida del trigo de alta producción y muy resistente a los parásitos, capaz de crecer en muchos climas distintos, sin importar la cantidad de luz solar. La "variedad enana" de este agrónomo resolvió el problema del trigo alto que necesitaba mucha energía para crecer y gran parte terminaba solo siendo varas no comestibles que colapsaban muy fácil si crecían muy rápido.

El trabajo de Borlaug comenzó en Norteamérica, pero en 1960 se enfocó en India y Pakistán. Su objetivo era terminar con las hambrunas que azotaban el sudeste de Asia. Su esfuerzo aumentó la cosecha de trigo en esos países un 600% entre inicios de 1960 y finales de los 70. Por primera vez, el subcontinente se convirtió en un exportador neto de trigo. Borlaug ganó el premio Nobel de la Paz, la medalla de oro del Congreso de Estados Unidos y la Medalla Presidencial de la Libertad.

Muchos expertos predijeron que para 2050 sería imposible producir suficiente proteína para toda la población mundial. Sin embargo, estas predicciones se basan en nuestros métodos actuales de producir e ignoran lo que sucede con el proyecto Good Food. En específico, ignoran la posibilidad de que pronto seremos capaces de crear carne de manera mucho más sustentable y sin tener que lastimar más especies.

No sabemos si Uma Valenti y Memphis Meats, a quienes conociste en el capítulo 8, serán la clave para resolver esta escasez de proteína que se prevé. Sin embargo, es claro que aquellos que buscan innovar para resolver este problema tienen un enorme potencial de crear un beneficio mucho más allá de sus productos.

Cabe destacar que es remarcable cómo los científicos y emprendedores que intentan crear algo nuevo generan un enorme beneficio, mientras asumen apuestas arriesgadas en las que deben estar dispuestos a fracasar. **Esta disposición a aceptar la incertidumbre es parte del proceso de creación de multiplicadores para el futuro.**

Muy pocas personas pueden multiplicar su impacto en un nivel parecido al de Norman Borlaug, pero muchos podemos hacer cada vez mucho mejor las cosas si pensamos cómo podemos crear más beneficio.

Hay muchas formas en las que podemos ser mejores, ya sea siendo más generosos, pensando más cuidadosamente nuestros actos caritativos, influenciando a otros o innovando en un esfuerzo por multiplicar el beneficio que generamos.

CAPÍTULO 11

El máximo bien sustentable

EN LA PRIMAVERA DE 2019, CUANDO HABÍA ESCRITO LA MITAD DE LOS CAPÍTULOS QUE CONFORMAN ESTE LIBRO, ASISTÍ A UNA CHARLA DE MARK BUDOLFSON, UN FILÓSOFO DE LA UNIVERSIDAD DE VERMONT QUE SE ENCONTRABA REALIZANDO UNA ESTANCIA ACADÉMICA DE UN AÑO EN EL CENTRO DE ÉTICA SAFRA EN HARVARD. MARK HABLÓ SOBRE CÓMO COMPARAR EL DOLOR Y EL PLACER DE DIFERENTES ESPECIES ANIMALES, TEMA QUE ME PARECE FASCINANTE.

DESPUÉS DEL EVENTO, LE ENVIÉ UN CORREO PIDIÉNDOLE QUE NOS REUNIÉRAMOS PARA HABLAR MÁS SOBRE SU CONFERENCIA. CUANDO NOS REUNIMOS, LE CONTÉ MIS IDEAS sobre *Ganar-ganar* y él le dio seguimiento a nuestra conversación con un correo electrónico, en donde sugería que la descripción general que le había dado de este libro que ahora lees le hacía pensar lo siguiente:

> Se conecta con el concepto de sostenibilidad, pues se centra en encontrar el 'nivel máximo sostenible' de altruismo. En este sentido, también es similar a la idea de administrar una pescadería con el objetivo de obtener el máximo rendimiento (económico) sostenible.

Sin embargo, decidí modificar el comentario de Mark y llegué al concepto de "máxima bondad sostenible". Él se refería al término que en gestión ambiental es rendimiento máximo sostenible (RMS).

El objetivo del RMS es mantener el tamaño de la población en su punto de máxima tasa de crecimiento y que solo se reproduzca o se coseche el número de individuos que de manera natural se integrarán posteriormente a la población, permitiéndole a esta última continuar siendo productiva indefinidamente.

El RMS es diferente a la captura o cosecha máxima posible durante el año en curso, ya que si capturas todos los peces de un estanque, no quedará ninguno para reproducirse y no habrá más peces en el futuro. El RMS es un concepto que se utiliza comúnmente en el mundo ambiental para describir cómo comportarse adecuadamente con el entorno.

He discutido en este libro que si vamos más allá de nuestro nivel máximo de bondad sostenible para alcanzar el materialismo puro o la justicia perfecta, la meta nos puede parecer irrazonable o inalcanzable. Sin mencionar que nuestros esfuerzos podrían desmotivar a otros de siquiera intentar hacerlo mejor.

Es más viable el objetivo de ser mejor y no perfecto. **Pensemos cuánto valor podemos crear de forma que sigamos teniendo una vida disfrutable, sin perder la esperanza de hacer mayor bien en el futuro.** Para la mayoría de nosotros, esto se traduciría en un moderado crecimiento en nuestra creación de beneficio este año en comparación con el año pasado. Pienso que las personas suelen ver esta meta como algo razonable, que las motiva y ayuda.

Esta idea también se relaciona con el último informe de las Naciones Unidas sobre el cambio climático, que advierte que los humanos debemos cambiar nuestra alimentación, de lo contrario, los esfuerzos por frenar las emisiones de gases de efecto invernadero serán insuficientes y las consecuencias serán peores que las predicciones más pesimistas.

Este informe que ofrece el Panel Intergubernamental sobre Cambio Climático se centra en la tierra utilizada para criar ganado y otros animales productores de carne, e insta a las personas de las naciones ricas a reducir el consumo de carne y recurrir más a dietas a base de plantas.

¿Por qué no simplemente animar a la gente a volverse vegetariana? "No queremos decirle a la gente qué comer", dijo Hans-Otto Pörtner, uno de los miembros del comité de este informe. Probablemente, el comité entendió que muchos carnívoros con buenas intenciones ignorarían la recomendación de convertirse en vegetarianos, pero estarían dispuestos a considerar seriamente reducir su consumo de carne.

¿Puedo mantener el ritmo?

En una conferencia de altruismo efectivo en 2018 que mencioné en el capítulo 1, me entrevistaron frente a un gran auditorio de personas comprometidas con este movimiento. La primera pregunta que me hicieron fue: "¿Te consideras un altruista efectivo?". Reaccioné de forma compleja a la pregunta, sin embargo, debido a que el entrevistador quería una respuesta de sí o no, contesté que no.

Luego dije que era así porque estaba hablando enfrente de más o menos 200 personas que sí se identificaban como altruistas efectivos y no quería adjudicarme un estatus que con frecuencia se ve socavado por mis conductas imperfectas como consumir lácteos, usar piel, no donar el 50% de mis ingresos o por donar a causas que no serían las elegidas por el altruismo efectivo. Además, sostuve que, para todos nosotros, la efectividad de nuestro altruismo y nuestro comportamiento moral pueden verse inmersos en un flujo continuo de cambio.

Sin embargo, esa pregunta se relaciona con la razón por la que escribí este libro. He intentado plantear cómo luce la perfección, qué barreras nos impiden alcanzar este estado y cómo podemos avanzar en esa dirección. Como resultado de esta exploración, creo que he creado más valor este año que en 2018, el año en el que preguntaron. Así que hoy diría que ¡soy un altruista más efectivo!

En su libro *10% más feliz,* el corresponsal de la ABC, Dan Harris, argumenta que practicar *mindfullness* no nos salvará de nuestros problemas, pero que puede hacernos 10% más felices. Yo soy un agnóstico de las técnicas de *mindfullness*, pero aprecio el comentario de Harris en el que nos hace saber que no es razonable esperar que ninguna intervención de autoayuda nos haga completamente felices.

Pero un 10% más felices me parece que puede ser un gran y real logro. De forma similar, **si puedes crear 10% más beneficio para el mundo el próximo año, también será un excelente logro.** Si bien, es difícil hacer el cálculo, este porcentaje suena como un objetivo difícil pero posible. Para la mayoría de nosotros, 70 u 80% más de beneficio suena ilógico (pero sí crees que puedes lograrlo, ¡sigue adelante!).

Todos podemos considerar hacer posibles cambios en nuestro máximo nivel sustentable de bondad, desde aquellos que solo requieren que echemos a andar nuestra inteligencia activa hasta aquellos que demandan mucho más sacrificio para hacer del mundo un lugar mejor, aunque no logremos ser perfectos.

Otro paralelismo que nos ayuda a pensar el máximo nivel sustentable de bondad puede ser nuestra dieta. Yo soy una persona alta, mido casi 1.89 m y no tengo un sobrepeso muy notorio. Hace más o menos 15 años descubrí que mis niveles de lípidos eran muy malos, en particular mis triglicéridos.

Después de investigar un poco, descubrí que el Dr. Frank Sacks, un cardiólogo de Boston, hacía investigaciones fundamentales sobre lípidos. Me recetó tomar estatina, hacer más ejercicio y reducir las grasas no saludables de mi dieta. Para ese entonces, yo ya era vegetariano y mi dieta era bastante saludable. Por lo que encontraba un poco frustrante que los triglicéridos altos estuvieran amenazando mi salud.

Realmente me gustaba la comida y consumía un nivel moderado de alcohol. Así que, ¿cómo podía balancear estos placeres con mi deseo de tener una vida larga y saludable? Primero, dejé de pagar por mi pase de estacionamiento en Harvard, lo que me obligaba a caminar al trabajo, así obtuve el empujoncito necesario para dar 10 mil pasos al día. En segundo lugar, siguiendo la sugerencia del médico, hice una serie de cambios inteligentes en mi comida. Me sentí feliz de cambiar la mantequilla por aceite de oliva. Dejé de comer pan malo, pero aún comía buen pan cuando estaba enfrente de mí, y reduje bastante mi consumo de helado. Aún como pizza deliciosa, pero evito la pizza mediocre.

En relación al alcohol, me gustan los cabernets y las cervezas *stouts*. Cuando investigué un poco, descubrí que el cabernet era mucho más saludable para mí que las *stout*, por lo que mi consumo de vino aumentó. No más galletas ni pastel y muchas menos papas fritas. Si bien los cambios requirieron algunos ajustes, también se necesitó de un poco de sufrimiento. En general, mi dieta cambió, mis niveles de lípidos mejoraron drásticamente y todavía puedo comer cosas deliciosas. ¡Pienso que encontré una dieta máximamente sostenible!

Peter Singer resalta que **hacer el mayor bien que podamos, desde un punto de vista práctico, requiere que seamos seres humanos bien adaptados.** Cuenta la historia de Julia Wise, una bien conocida practicante del altruismo efectivo del área de Boston, que batalló un poco con su decisión de tener hijos.

Como altruista efectiva, le preocupaba que el costo de criar niños (comida, educación, universidad, etc.) les quitara a ella y su pareja la oportunidad de donar lo más posible a la caridad.

Sin embargo, también comprendió que si no era madre, se sentiría mal emocionalmente y la infelicidad la volvería menos eficiente en muchos otros aspectos en los que puede hacer el bien.

En 2019 Julia era la presidenta de Giving What We Can, miembro de la junta de GiveWell y escribía sobre el altruismo efectivo en el blog *Giving Gladly*.

Además, ella y su esposo eran orgullosos padres de dos pequeños de tres y cinco años. Con ello, ambos continúan donando la mitad de sus ingresos a las organizaciones benéficas que les parecen más eficientes. Al parecer, Julia descubrió cómo ser mucho mejor sin tratar de ser perfecta.

RECUERDA:

Todos podemos considerar hacer posibles cambios en nuestro máximo nivel sustentable de bondad, desde aquellos que solo requieren que echemos a andar nuestra inteligencia activa hasta aquellos que demandan mucho más sacrificio para hacer del mundo un lugar mejor, aunque no logremos ser perfectos.

Influenciar a otros de manera sostenible

Imagina que tu objetivo es reducir el sufrimiento animal tanto como sea posible. Estás dispuesto a darle un pequeño empujón a tus amigos hacia la disminución de este hábito. Tienes planeado almorzar con uno de ellos, pero, después de llegar al restaurante al que ya has ido muchas veces, tu amigo te envía un mensaje diciéndote que llegará un poco tarde, que, por favor, pidas para él una hamburguesa vegetariana.

Él es carnívoro y nunca ha comido en este lugar, además te das cuenta de que quizá esté intentando ser amable contigo debido a tu dieta. Inmediatamente, esto se te presenta como una oportunidad para hacer que esta persona comience a comer más productos a base de plantas.

Hay dos opciones de hamburguesas en el menú que ya has probado antes: una opción es muy sabrosa, pues utilizan huevo para hacerla más jugosa y suavizar varios ingredientes. La otra es seca, sin mucho sabor, pero enteramente vegana. La verdad es que no te parece tan rica. ¿Cuál ordenarías para tu amigo que come carne?

En su libro *Hacia un futuro vegano*, Tobias Leenaert sostiene que, si bien la hamburguesa vegana sería la elección ideal, es más probable que la opción con huevo tenga un impacto positivo y logre crear el máximo bien posible. Por lo tanto, para avanzar en dirección hacia un bien mayor, es útil pensar qué nivel de cambio es sustentable y viable. Dicho de forma general, **la mejor manera de influenciar a otros es atender su forma de pensar en vez de enfocarse en un estado ideal insostenible.** A diferencia de lo que hice en la anécdota con la que comencé este libro, donde no logré actuar así con mi interlocutor, a quien llamé de forma burlona "pescadívoro".

¿Está bien disfrutar de tu incremento de bienestar?

El filósofo francés Augusto Comte acuñó por primera vez el término "altruismo" y lo definió como "el sacrificio personal en beneficio de otros" donde "solo se consideran actos morales aquellos que pretenden aumentar la felicidad en los otros".

De acuerdo con Comte, si se lleva a cabo una acción por razones que van más allá de mejorar el bienestar de los demás, la acción no está moralmente justificada. Según esta visión extrema, si deduces tus donaciones caritativas de impuestos, tu conducta ya no es altruista. Si disfrutas de tu acto de generosidad o lo ves como el "esclarecimiento de un interés propio", tampoco cumples con el criterio comtiano.

Una vez más, los estándares de un filósofo resultan demasiado extremos. Nadie puede cumplir con estas estipulaciones y es probable que este descubrimiento lleve a las personas a no intentarlo y a limitar el valor que crean. Prefiero el punto de vista de Martin Luther King Jr.: "Todo hombre debe decidir si desea caminar bajo la luz del altruismo creativo o en la oscuridad del egoísmo destructivo". Para King, era claro que ser altruista de formas creativas conlleva a una vida más significativa y agradable.

Los investigadores evolucionistas creen que el altruismo tiene sus raíces en la evolución, ya que la cooperación y generosidad promueven la supervivencia de las especies. Sin embargo, existen más bases para pensar que sea resultado del sistema 2 de pensamiento. El altruismo es un aspecto social al que los psicólogos se refieren como un comportamiento prosocial, en donde las acciones se encaminan a beneficiar a otros, sin importar el motivo o cómo esto afecte al donante.

La psicología sugiere que existen muchas razones por las que nos involucramos en estas conductas prosociales, ya que activan los centros de placer en el cerebro. Experimentamos un refuerzo positivo al ser amables, nos permiten cumplir con las normas sociales y tienen beneficios emocionales.

Estos beneficios se acumulan para el altruista, por lo que todos son incompatibles con la definición de altruismo de Comte. Algunos psicólogos creen que existe el verdadero altruismo comtiano, mientras que otros piensan que no, que siempre obtenemos algo de la transacción.

A menudo escucho personas criticar actos altruistas por tener algún motivo secundario, con frases como "Lo hacen por el reconocimiento". Sin embargo, prácticamente todos (si no es que todos) los comportamientos que definimos como altruistas y que queremos fomentar tienen algún potencial de beneficiar al donador en la visión de Comte. Debemos asumir esos beneficios que la gente recibe al dar en vez de criticarlos, puesto que estas personas ya se encuentran en el sendero de crear más beneficio.

No obstante, existen excepciones a estas conclusiones. Por ejemplo, no apoyo las donaciones conectadas a la corrupción, como en el caso de las historias de legado universitario que conté anteriormente. No estoy de acuerdo si alguien "compra" su lugar en una institución de élite, ya que esta corrupción destruye beneficios.

Sin embargo, si la gente se enorgullece de crear beneficio, o incluso quiere ser reconocida públicamente por hacerlo, debemos darle ese crédito, pues esto fomentará una mayor creación de beneficio en el proceso. **No hay nada de malo en estar orgulloso de hacer las cosas mejor. Y ese orgullo no anula los méritos intrínsecos de nuestros actos.** De hecho, agregar razones accesorias a las razones de fondo para crear beneficio tiene sentido en la fórmula de hacer las cosas mucho mejor.

Algunas personas temen que, al seguir la estrella del utilitarismo, ser mejores deje de ser divertido. Todos conocemos a gente muy comprometida con una causa que, con frecuencia, no reconoce el altruismo efectivo. ¿Debemos tratar de maximizar nuestra bondad a costa de perder nuestra pasión? ¿Se requiere demasiada reflexión y poca emoción? Ambas son preocupaciones razonables.

Incluso así veo una pasión asombrosa en las ideas y acciones de personas como Uma Valeti, el cardiólogo que cambió de carrera, o en Bruce Friedrich, el director ejecutivo del Instituto Good Food.

Ellos intentan descubrir cómo hacer el mayor bien posible. Aun sin saber a qué personas o animales están ayudando, o sin conocer a los que se benefician con sus formas de actuar, se sienten enormemente orgullosos del altísimo nivel de bondad sostenible que son capaces de crear. Personalmente, aspiro a crear un bien mayor, al mismo tiempo que disfruto de mi papel en la creación de más bondad.

El camino por seguir

Quizá seas de aquellos que les gusta evaluar su comportamiento. Entonces, ¿ya alcanzaste tu nivel máximo sustentable de bondad? La buena noticia es que tenemos algunas métricas bastante aceptables para esa inquietud:

- ¿Cómo se comparan el total de tus donaciones de este año con las del año pasado?
- ¿Qué tan efectivas son las organizaciones con las que contribuiste este año?

- ¿Estás pensando más detenidamente tus decisiones morales?
- ¿Evitas desperdiciar y utilizas las cosas de forma más inteligente?
- ¿Intentas tratar a las demás personas y criaturas que habitan el planeta con más equidad?
- ¿Piensas en las generaciones futuras y en hacer más por protegerlas?

Contestar a estas preguntas puede ser más placentero que pensar si estamos o no alcanzando los criterios de una definición filosófica de moralidad. Pero seguramente querrás ir más allá de la revisión mental y empezar a pensar en el futuro. Así que, si al igual que yo deseas ser mejor este año, pero te preguntas cómo hacerlo, puedo decirte que para mí **gran parte de la clave son las pequeñas victorias**. Al momento de tomar una decisión, piensa en cómo puedes ayudar a otros, cómo hacer concesiones, en lo que desperdicias y en cómo tomar decisiones caritativas.

¿Recomendarías actuar a otros como tú lo haces hoy en día? Si no es así, ¿por qué? Y ¿cómo puedes deshacerte de tus viejos hábitos y crear nuevos? Durante los últimos 10 años, he pensado con más cuidado cuando contesto que sí: ¿he donado más a la caridad?, ¿he tomado decisiones más inteligentes sobre dónde donar mi dinero?, ¿he intentado ser de ayuda para mi comunidad intelectual?, ¿he ofrecido mi tiempo a grupos filantrópicos importantes?, ¿he procurado ser más consciente del medio ambiente?

Sin embargo, aún permanezco muy lejos de alcanzar ese norte que marca la estrella guía del utilitarismo. El próximo año, estaré más cerca, aunque aún permaneceré alejado de este destino. De cualquier forma seguiré en el fascinante camino hacia mi máximo nivel sustentable de bondad. Espero que este libro te ayude a lo largo de un recorrido similar.

RECUERDA:

El altruismo es un aspecto social al que los psicólogos se refieren como un comportamiento prosocial, en donde las acciones se encaminan a beneficiar a otros, sin importar el motivo o cómo esto afecte al donante.

Agradecimientos

Fui a la Universidad de Pensilvania a estudiar contabilidad y trabajar en el mundo real una vez terminada mi licenciatura. Yo era un joven práctico de 18 años y jamás pensé tomar un curso de filosofía. Ojalá hubiese sabido en aquél entonces cuán útil podía ser esta disciplina.

Mucho tiempo después, entre 1990 y 1991, participé en la búsqueda de un nuevo profesor de ética para la Escuela Kellogg de Graduados de Administración en Northwestern. Esto representó un reto en aquella época, ya que aún no existía un campo para la ética conductual en las escuelas de negocios y encontrar a un académico con las credenciales necesarias para ocupar el puesto fue difícil.

Insistí en reclutar a David Messick, un profesor de psicología en la Universidad de California en Santa Barbara. David era un respetado psicólogo social que estudiaba la justicia, los procesos de comparación social y muchos otros procesos relevantes para la ética.

Mi objetivo era ayudar a la escuela a resolver un problema de reclutamiento bastante complicado, nunca imaginé ni de manera remota que esta decisión cambiaría por completo mi trayectoria de investigación.

Más o menos cuando David llegó a la institución, Ann Tenbrunsel entró a nuestro programa de doctorado y trabajó con ambos. Poco a poco, todos trabajamos juntos. Sin embargo, yo los veía claramente a ellos como los representantes de ética en el Departamento de Conducta Organizacional de la escuela.

Me identificaba como un investigador y profesor sobre la toma de decisiones negociaciones. No obstante, para cuando me fui a Harvard, una importante cantidad de mis investigaciones se relacionaban ya con asuntos éticos.

Este creciente interés en la ética del comportamiento aumentó en Harvard, ya que pude pasar tiempo y escribir artículos con Dolly Chugh y Mahzarin Banaji. Además, continúe aprendiendo sobre la psicología del comportamiento ético. Nuestro trabajo desarrolló la noción de comportamiento ético limitado o las formas predecibles y sistemáticas en las que incluso personas buenas incurren en conductas malas.

En 2005, Joshua Greene se unió al Departamento de Psicología de Harvard. Ambos conectamos muy pronto durante un almuerzo en marzo de 2006 y descubrimos que ambos estábamos de acuerdo en muchas cuestiones éticas. Josh, quien está del lado de la cancha de los filósofos utilitaristas, tiene un doctorado en Filosofía por la Universidad de Princeton y un postdoctorado en Psicología Neurosocial.

Desde 2006, ambos hemos escrito en coautoría varios artículos, pero, lo que es mucho más importante para mí, es que Josh ha sido mi tutor personal de filosofía. Mientras trabajamos juntos, constantemente me veía sorprendido por su claridad de pensamiento y por su estrella guía que lo conduce a los análisis más éticos. La

AGRADECIMIENTOS

mayor parte de lo que leíste en este libro tiene sus raíces en mis conversaciones con él.

Ha tomado mucho tiempo escribir este libro, principalmente debido a mi necesidad de regresar y leer más filosofía. Entre más leía, más entendía lo que intentaba lograr y el camino se despejaba bastante. Una y otra vez encontraba mucha claridad en los escritos de Peter Singer (como *Ética práctica,* por ejemplo).

Cuando hablé con Josh sobre su increíble libro *Tribus morales,* con frecuencia resaltaba que Singer había escrito sobre un tema parecido hacía mucho.

Conforme desarrollaba este libro, yo también me sentía fuertemente influenciado por lo que habían escrito estos dos autores. Espero haber sido capaz de profundizar más en sus perspectivas y de ofrecer algo nuevo.

Por su parte, también me beneficié enormemente de mi participación en el proyecto Good Food, conformado por personas que buscan reducir el sufrimiento animal mediante la creación de nuevas proteínas a base de plantas y carnes cultivadas, que habrán de satisfacer la demanda mundial sin el dolor que involucra nuestro sistema de producción actual.

Como habrás visto, este mundo de proteínas alternativas ha tenido una gran influencia en mí desde 2018. Mis guías en este viaje incluyen a Rachel Atcheson, Amy Trakinski, Bruce Friedrich, Aylon Steinhart, Sebastián Cossia Castiglioni, Mark Langley, Susan Vitka, Lisa Fería, Nina Gheihman, Macy Marriott y David Welch. Muchos de estos fascinantes veganos ni siquiera comparten la perspectiva filosófica central de este libro, pero me han ayudado a pensar mis ideas con más claridad.

Muchos de mis amigos saben que he estado obsesionado con este libro por mucho tiempo. He hablado de estas ideas y han probado mis presentaciones académicas. Más recientemente, compartí borradores de todo el libro con algunos de ellos y otros colegas. Simplemente, todos los comentarios que recibí son sorprendentes, estimulantes y, como resultado, este libro es muchísimo mejor.

Los filósofos Joshua Greene, Peter Singer, Will MacAskill, Lucius Caviola y Mark Budolfson leyeron un borrador previo y fueron muy generosos al ayudarme a citar lo que realmente dicen las diferentes perspectivas filosóficas.

Ann Tenbrunsel, mi coautora en *El punto ciego*, y Dolly Chugh también leyeron el libro a detalle y contribuyeron con increíbles comentarios que dotaron de mayor precisión mis referencias a la literatura empírica sobre la ética del comportamiento. Katy Milkman me brindó una maravillosa claridad sobre cómo expresar mis ideas para tener un mayor impacto.

Marla Felcher, mi esposa, y Margo Beth Fleming, mi agente, leyeron muchas cosas que ya no están aquí y modificaron profundamente la estructura del libro. Le envié el manuscrito al psicólogo Doug Medin para confirmar la historia inicial y él me envió de vuelta comentarios reflexivos que cubrían todo.

Recientemente conocí a la Dra. Kathryn Reed, ginecóloga de la Universidad de Arizona, mientras ella cursaba un programa en la Escuela de Negocios de Harvard. Kathryn se convirtió rápidamente en una crítica perspicaz de gran parte de mi trabajo reciente, incluido este libro. Linda Babcock y Laurie Weingart, personajes centrales del capítulo 8, aportaron claridad sobre varios conceptos.

Mario Small fue el más crítico de todos mis lectores al aportar una perspectiva sociológica útil que cuestionó mi interpretación sobre muchos temas, he modificado muchos argumentos gracias a las aportaciones de Mario. Justin Wolfers brindó información sobre el capítulo 10 y mi excolega Abby Dalton, quien ahora trabaja en el Banco Mundial, me ofreció su perspicacia y lucidez a lo largo de todo el libro.

Otros comentarios útiles vinieron de fuentes insospechadas. El hombre que construyó la casa donde Marla, Becca (nuestra perra) y yo vivimos en Cambridge, Massachusetts, Martin Cafasso, tiene un título en filosofía de la Universidad de Oxford. Además de ser un gran diseñador y constructor, también se dio el tiempo de leer este libro y darme una visión única al respecto de todos los capítulos. Mi primo lejano, Stu Bazerman me encontró debido a otros escritos míos sobre ética y me contrató como consultor para reducir la deshonestidad en su compañía de seguros, nos convertimos en amigos cercanos y me aportó su gran sabiduría en borradores anteriores de capítulos que ahora considero son mucho mejores.

Por su parte Mark Langley y Rachel Atcheson, ambos activistas clave en el proyecto Good Food, me ofrecieron una percepción más allá de este, que mejoró de manera sustancial todo el proceso del libro.

· AGRADECIMIENTOS ·

Mi especialista en apoyo docente en Harvard, Elizabeth Sweeny, brindó un excelente soporte editorial a lo largo del proyecto. Tanto Stephanie Hitchcock como Hollis Heimbouch fungieron como editoras para Harper Business y brindaron una importante dirección editorial.

Por su parte, como ocurre con todos mis libros, Katie Shonk, mi editora personal, mejoró las ideas y la gran mayoría de las oraciones. Muchas veces recibo elogios por mi escritura y hago lo mejor que puedo redirigiéndolos a quien pertenecen, a Katie.

Tal y como lo expreso en el libro, estoy sorprendido de ver cómo muchas personas me ayudaron a mejorarlo. De igual forma, me doy cuenta de cuán diferente y mejor resultó el libro gracias a sus aportaciones. Nunca había escrito un libro que requiriera un proceso tan completo de aprendizaje de mi parte. Quiero agradecerles a todas estas generosas personas por su tiempo, sus habilidades de escritura y sus ideas. Todos han hecho de este libro algo mejor y, como ya lo has leído, mejor es lo único a lo que aspiro a ser.

Títulos recomendados

DINERO

EL SECRETO
DE LA NEGOCIACIÓN

VENDE COMO LOCO

OLFATO MILLONARIO

¡Tu opinión es importante!

Escríbenos un e-mail a **miopinion@vreditoras.com**
con el título de este libro en el "Asunto".

Conócenos mejor en:

www.vreditoras.com

 VREditorasMexico

 VREditoras